浙江金融发展报告

——蓝皮书（2023）——

陈国平　史晋川◎总主编

汪　炜　章　华◎主　编

ZHEJIANG UNIVERSITY PRESS
浙江大学出版社
·杭州·

图书在版编目（CIP）数据

浙江金融发展报告：蓝皮书. 2023 / 汪炜，章华主
编. -- 杭州：浙江大学出版社，2024.6
ISBN 978-7-308-25042-9

Ⅰ.①浙… Ⅱ.①汪… ②章… Ⅲ.①地方金融事业
－经济发展－研究报告－浙江－2023 Ⅳ.①F832.755

中国国家版本馆CIP数据核字（2024）第103887号

浙江金融发展报告——蓝皮书（2023）

ZHEJIANG JINRONG FAZHAN BAOGAO —— LANPISHU（2023）

汪 炜 章 华 主编

策划编辑	陈佩钰
责任编辑	葛 超
责任校对	金 璐
封面设计	续设计
出版发行	浙江大学出版社
	（杭州市天目山路148号 邮政编码310007）
	（网址:http://www.zjupress.com）
排 版	杭州晨特广告有限公司
印 刷	杭州高腾印务有限公司
开 本	787mm×1092mm 1/16
印 张	13
字 数	200千
版 印 次	2024年6月第1版 2024年6月第1次印刷
书 号	ISBN 978-7-308-25042-9
定 价	68.00元

本书编委会

编 写 单 位　浙江省金融研究院

　　　　　　浙江大学金融研究院

　　　　　　浙江省金融业发展促进会

总　主　编　陈国平　史晋川

副 总 主 编　（按姓氏笔画排序）

　　　　　　吴登芬　张　奎　周家龙　曹　勇　盛益军

主　　　编　汪　炜　章华

编委会委员　（按姓氏笔画排序）

　　　　　　丰秋惠　王义中　王怀章　叶　静　石琼旖

　　　　　　邬介然　张鲁英　张锦铭　杨柳勇　陈　姝

　　　　　　陈　桦　周　维　胡迪明　贺　聪　唐成伟

　　　　　　高　强　常青

前　言

　　金融是国民经济的血脉,是国家核心竞争力的重要组成部分。党中央高度重视金融工作,中央金融工作会议强调,要加快建设金融强国,全面加强金融监管,完善金融体制,优化金融服务,防范化解风险,坚定不移走中国特色金融发展之路,推动我国金融高质量发展,为以中国式现代化全面推进强国建设、民族复兴伟业提供有力支撑。在此背景下,按照浙江省委、省政府的要求,把《浙江金融发展报告——蓝皮书(2023)》编写好,以求全面反映浙江在金融领域进行不断探索,努力为建设金融强省而奋斗的各项工作,其意义就更为凸显。

　　本年度的浙江省金融发展报告一如既往地得到了浙江省地方金融监督管理局、中国人民银行浙江省分行、国家金融监督管理总局浙江监管局、浙江证监局、浙江省股权投资行业协会等相关部门的大力支持和帮助,在此一并致谢。需要特别说明的是,自2023年8月18日起,中国人民银行杭州中心支行改名为中国人民银行浙江省分行。此前,浙江银保监局在7月20日已更名为国家金融监督管理总局浙江监管局。因本报告主要反映2022年的经济金融情况,正文中涉及的相关机构表述仍沿用2022年名称。

　　本报告第一篇为金融经济运行综合报告,由两个总报告组成,分别是浙江省金融运行报告和浙江省地方金融业改革与发展报告,反映出浙江省金融业在2022年的整体发展水平和地方金融改革进展。第二篇为金融行业类别报告,以银行业、证券业、保险业、小额贷款公司、上市公司、股权投资发展六个行业领域分报告为主体,较为全面地反映了2022年浙江省金融业子行业发展情况。第三篇为金融热点问题研究,以反映浙江省地方金融发展特色亮点为宗旨,采用点面结合的分析视角,总结回顾宁波普惠金融改革、丽水农村金融改革、衢州和湖州绿色金融改革、金融支持浙江共同富裕示范区建设、注册制下提高上市公司质量的思考等内容。

在浙江省社科联和浙江大学的领导下,浙江大学金融研究院作为浙江省新型重点专业智库,围绕省委、省政府一系列重大战略,组织专家团队进行相关政策咨询与研究工作,形成一系列重要咨询成果,获得省领导的高度关注和国家相关部门的采纳。本书第四篇选取了其中有代表性的七篇咨询要报,分别涉及数字金融发展推动缩小城乡差距、构建公募基金"三方共盈"模式、创投行业税收激励政策、硅谷银行事件对浙江省科创金融发展的启示、硅谷银行事件对我国金融市场的影响及启示、推动浙江省普惠金融发展及推进家族企业社会化的政策建议等方面,以期更好地推动智库建设和浙江省金融高质量发展。

浙江省金融研究院

浙江大学金融研究院

浙江省金融业发展促进会

目　录

金融经济运行综合报告

金融行业类别报告

金融热点问题研究

咨询要报

金融经济运行综合报告

第一章　2022年度浙江省金融运行报告

　　2022年,浙江省坚持以习近平新时代中国特色社会主义思想为指导,全面贯彻党的二十大精神,认真落实"疫情要防住、经济要稳住、发展要安全"的重要要求,扎实推进高质量发展建设共同富裕示范区,统筹打好新冠疫情防控、稳进提质组合拳,经受住了超预期的冲击和挑战。全省经济运行总体保持恢复态势,全年实现地区生产总值(GDP)7.8万亿元,同比增长3.1%,高于全国平均水平0.1个百分点。浙江金融系统全面落实好国务院稳经济一揽子政策和接续措施,认真执行稳健的货币政策,强化助企纾困和重点领域金融支持,为全省稳住经济大盘和高质量发展提供了有力支撑。2022年末,浙江省本外币各项贷款余额同比增长14.5%,重点领域金融服务不断改善,不良贷款率保持较低水平,多层次资本市场持续完善。

　　从经济运行看,三大需求协同发力,三大产业逐步修复,高质量发展特征进一步显现。一是投资较快增长,结构持续优化。固定资产投资同比增长9.1%,高于全国平均水平4.0个百分点。其中,制造业投资、工业企业技术改造投资同比分别增长17.0%、16.3%,基础设施投资、房地产开发投资同比分别增长7.6%、4.4%。二是消费稳定增长,数字消费活跃。社会消费品零售总额同比增长4.3%,高于全国平均水平4.5个百分点,网络零售额和省内居民网络消费额同比分别增长7.2%和6.6%。三是进出口规模持续扩大,利用外资稳步增长。进出口额、出口额、进口额同比分别增长13.1%、14.0%和10.7%,实际利用外资同比增长5.2%。四是农业生产稳步发展,

"千万工程"①助力乡村振兴。深化"千村示范、万村整治"工程,加快推进乡村产业提质增效,农林牧渔业产值同比增长3.4%,增速比上年提高0.4个百分点。五是工业生产回稳向好,创新驱动态势明显。规模以上工业增加值同比增长4.2%,高于全国平均水平0.6个百分点。其中,数字经济核心产业制造业增加值同比增长10.7%,高技术产业、战略性新兴产业、装备制造业等产业增加值同比分别增长11.5%、10.0%和6.2%。六是服务业企稳回升,现代服务业增势较好。服务业增加值同比增长2.8%,高于全国平均水平0.5个百分点。其中,金融业增加值同比增长8.3%,信息传输、软件和信息技术服务业增加值同比增长4.9%,批发和零售业增加值同比增长4.1%。七是供给侧结构性改革深入推进,减税降费惠企利民。以新产业、新业态、新模式为主要特征的"三新"经济增加值占GDP的28.1%,高新技术产业投资同比增长22.9%。为经营主体减负超过4000亿元,完成增值税留抵退税2233亿元。

从金融运行看,浙江省银行业、证券业和保险业稳健发展,金融服务实体经济效率和水平不断提升。一是社会融资规模和贷款同比多增。2022年浙江省社会融资规模新增3.5万亿元,同比多增901亿元。本外币各项贷款新增2.4万亿元,同比多增1909亿元。二是结构性货币政策工具实施成效显著。推动普惠小微贷款支持工具、设备更新改造专项再贷款、科技创新再贷款、政策性开发性金融工具等精准高效落地。三是信贷结构持续优化。重点领域金融支持力度加大,2022年浙江省民营经济贷款、普惠小微贷款、制造业贷款、涉农贷款、科技服务业贷款、绿色贷款增量分别为上年的1.1倍、1.1倍、1.1倍、1.4倍、1.6倍、1.5倍。四是企业贷款利率降至有统计以来最低水平。持续释放贷款市场报价利率(LPR)改革效能,强化LPR定价机制建设与应用,2022年浙江省企业贷款加权平均利率为4.35%,同比下降0.37个百分点。五是银行业稳健运行,风险总体可控。2022年末浙江省银行业金融机构本外币资产总额同比增长14.4%,负债总额同比增长14.6%。银行业金融机构不良贷款余额和不良贷款率实现"双降",不良贷款率为0.63%,较年初下降0.11个百分点。六是证券业和保险业平稳发展。证券

---

① 浙江省自2003年启动的"千村示范、万村整治"工程是习近平总书记在浙江工作时亲自谋划、亲自部署、亲自推动的一项重大决策。

机构体系进一步完善,证券市场融资稳步推进;保险业总体运行平稳,保费增速有所回升,行业改革加速深化。七是区域金融改革提质升级。浙江省湖州市、衢州市绿色金融改革创新成效明显,杭州市、嘉兴市科创金融改革和丽水市普惠金融服务乡村振兴改革试验区成功申创,宁波市普惠金融改革持续深化。八是社会信用体系和金融基础设施建设持续深化完善。征信体系建设进一步深化,金融信用信息基础数据库建设持续完善,征信市场基础性作用不断发挥,地方征信平台功能持续迭代升级。支付体系安全高效运行,"移动支付之省"建设成效明显,2022年末移动支付普及率达95.5%。

浙江省强力推进创新深化、改革攻坚、开放提升,实施三个"一号工程"①,推进"十项重大工程"②,积极推动"8+4"经济政策体系落地见效,经济运行平稳开局。但也要看到,浙江省经济高质量发展的基础尚不稳固,出口面临挑战,居民储蓄向消费转化的动能有待观察,房地产业转向新发展模式尚需时日,总需求不足仍是经济运行面临的突出矛盾。

浙江金融系统将继续坚持以习近平新时代中国特色社会主义思想为指导,全面贯彻党的二十大和中央经济工作会议精神,坚持稳中求进工作总基调,完整、准确、全面贯彻新发展理念,精准有力落实稳健的货币政策,围绕浙江省委、省政府三个"一号工程"和"十项重大工程"部署,提升金融服务实体经济水平,持续优化信贷结构,为浙江在高质量发展中奋力推进中国特色社会主义共同富裕先行和省域现代化先行作出更大的金融贡献。

一、金融运行情况

2022年,面对国际形势复杂多变、新冠疫情反复冲击和经济下行压力等严峻挑战,浙江金融系统坚决贯彻"疫情要防住、经济要稳住、发展要安全"的要求,全面落实好国务院稳经济一揽子政策和接续措施,认真执行稳健的货币政策,有效防控金融风险,推进金融改革开放,提升金融服务水平,

---

① 数字经济创新提质"一号发展工程"、营商环境优化提升"一号改革工程"、地瓜经济提能升级"一号开放工程"。

② 《2023年浙江省政府工作报告》提出的2023—2027年浙江省10项事关全局、牵一发而动全身的重大工程。

为浙江省经济稳进提质和高质量发展提供了有力支撑。

(一)信贷银行业稳健运行,信贷支持实体经济力度加大

2022年,浙江省银行业金融机构规范用好货币政策工具,强化助企纾困和重点领域金融支持,积极提升金融服务质效。信贷总量同比多增,信贷结构持续优化,企业贷款利率稳中有降,金融风险总体可控,金融改革提质升级(见表1-1)。

表1-1　2022年浙江省银行业金融机构情况

机构类别	营业网点			法人机构数/个
	机构数/个	从业人数/人	资产总额/亿元	
一、大型商业银行	3702	90426	81268	0
二、国家开发银行和政策性银行	61	2043	11603	0
三、股份制商业银行	1169	37089	38337	1
四、城市商业银行	2268	68612	57146	13
五、城市信用社	0	0	0	0
六、小型农村金融机构	4012	53662	46872	83
七、财务公司	11	613	2105	10
八、信托公司	5	1209	386	5
九、邮政储蓄银行	1713	9754	6494	0
十、外资银行	30	835	873	0
十一、新型农村金融机构	372	6999	1433	79
十二、其他	10	3608	7984	8
合计	13353	274850	254502	199

数据来源:浙江银保监局。

注:营业网点不包括国家开发银行和政策性银行、大型商业银行、股份制商业银行等金融机构总部;大型商业银行包括中国工商银行、中国农业银行、中国银行、中国建设银行和交通银行;小型农村金融机构包括浙江农商联合银行、农村商业银行、农村合作银行和农村信用社;新型农村金融机构包括村镇银行、贷款公司和农村资金互助社;"其他"包括民营银行、金融租赁公司、汽车金融公司、货币经纪公司、消费金融公司等。

1.资产负债平稳增长。2022年末,浙江省银行业金融机构本外币资产和负债总额分别为25.5万亿元、24.4万亿元,同比分别增长14.4%和14.6%,增速比上年末分别提高2.4个和2.9个百分点。

2.存款增速提升。2022年末,浙江省金融机构本外币各项存款余额19.6万亿元,同比增长14.9%,增速比上年末提高2.7个百分点(见图1-1);比年初新增2.6万亿元,同比多增6941亿元。从存款主体看,2022年住户存款、非金融企业存款同比分别多增8836亿元、2762亿元,广义政府存款、非银行业金融机构存款同比分别少增914亿元、3370亿元。

3.贷款同比多增。2022年末,浙江省金融机构本外币各项贷款余额19.0万亿元,同比增长14.5%(见图1-1);比年初新增2.4万亿元,同比多增1909亿元。重点领域金融支持精准有力。2022年,浙江省民营经济贷款、普惠小微贷款、制造业贷款、涉农贷款、科技服务业贷款、绿色贷款分别新增1.2万亿元、8001亿元、4118亿元、10770亿元、3826亿元、7080亿元,分别为上年增量的1.1倍、1.1倍、1.1倍、1.4倍、1.6倍、1.5倍。

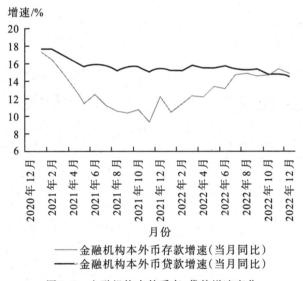

图1-1 金融机构本外币存、贷款增速变化

数据来源:中国人民银行杭州中心支行。

4.表外业务平稳增长。资管新规等监管政策全面落地后,银行表外业务规范发展,业务规模平稳增长。2022年末,浙江省金融机构表外业务余

额18.6万亿元,同比增长21.5%。其中,担保类业务余额3.4万亿元,同比增长36.8%;承诺类业务余额3.5万亿元,同比增长24.6%;金融资产服务类业务余额11.2万亿元,同比增长16.6%;金融衍生品业务余额4708亿元,同比增长22.9%。

5.企业贷款利率降至有统计以来最低水平。持续释放贷款市场报价利率(LPR)改革效能,强化LPR定价机制建设与应用,推动金融机构将LPR下行效果传导至贷款利率。2022年,浙江省一般贷款加权平均利率为4.94%,同比下降0.33个百分点。企业贷款加权平均利率为4.35%,同比下降0.37个百分点,其中,大型、中型、小微型企业贷款加权平均利率同比分别下降0.44个、0.43个和0.33个百分点。落实存款利率市场化调整机制,督促银行参考以10年期国债收益率为代表的债券市场利率和以1年期LPR为代表的贷款市场利率,合理调整存款利率水平,稳定银行负债成本(见表1-2)。

表1-2　2022年金融机构人民币贷款各利率区间占比

单位:%

月份	合计	LPR减点	LPR	LPR加点					
				小计	(LPR, LPR+0.5%)	[LPR+0.5%, LPR+1.5%)	[LPR+1.5%, LPR+3%)	[LPR+3%, LPR+5%)	LPR+5% 及以上
1月	100.0	11.7	4.6	83.7	21.5	34.3	15.7	7.5	4.7
2月	100.0	13.8	5.3	80.9	19.7	30.9	14.5	8.5	7.3
3月	100.0	14.4	7.0	78.6	20.8	30.1	14.2	7.6	5.9
4月	100.0	17.2	6.4	76.4	18.4	28.4	13.7	8.6	7.3
5月	100.0	14.4	7.3	78.3	20.2	29.4	13.5	8.3	6.9
6月	100.0	17.7	8.4	73.9	20.9	29.7	11.7	6.7	4.8
7月	100.0	21.1	6.9	72.0	19.9	27.0	11.5	7.7	5.8
8月	100.0	23.3	5.2	71.5	20.6	25.5	11.6	7.7	6.1
9月	100.0	26.0	5.0	69.0	21.2	25.3	10.0	6.9	5.5
10月	100.0	26.1	4.6	69.3	19.6	23.3	11.3	8.1	6.9
11月	100.0	28.5	4.5	67.0	19.4	24.0	10.4	7.5	5.7
12月	100.0	29.6	5.0	65.4	18.9	24.2	10.4	6.7	5.1

数据来源：中国人民银行杭州中心支行。

6.银行业资产质量保持稳定。浙江省银行业金融机构不良贷款余额和不良贷款率实现"双降"。2022年末，浙江省不良贷款余额1189亿元，比年初减少37亿元；不良贷款率0.63%，比年初下降0.11个百分点，保持较低水平。

7.银行业改革持续深化。开发性金融机构、政策性银行和国有大型商业银行改革创新持续深化，农业银行浙江省分行"三农"事业部改革稳步推进。浙江农商联合银行顺利挂牌。杭州银行和宁波银行理财子公司运行平稳。22家地方法人银行发行资本补充债券25批次，补充资本413亿元。民营银行和村镇银行运行总体稳健。

8.跨境人民币业务取得新突破。出台《2022年浙江省跨境人民币"首办户"拓展行动方案》（杭银发〔2022〕31号），2022年跨境人民币"首办户"拓展超过1万户。完善浙江省跨境人民币贸易投资便利化试点方案，推进便利化试点扩容提质。2022年，浙江省跨境人民币结算量同比增长22.0%，创历史新高。浙江自贸试验区跨境人民币结算业务持续发展，全年结算量同比增长23.7%。

专栏1：浙江省运用结构性货币政策工具成效显著

2022年，中国人民银行杭州中心支行将结构性货币政策工具作为稳经济一揽子政策的重要内容，抢抓政策实施的时间窗口期，建立专班工作机制，多措并举强化政策传导、注重配套支持、形成工作合力，促进金融资源向制造业、小微企业、科技创新、基础设施建设等重点领域倾斜，推动浙江省经济实现质的有效提升和量的合理增长。

一、推动设备更新改造专项再贷款高效落地，有效支持制造业和服务业设备更新改造。建立"专班运作、专人专岗"工作机制，与政府相关部门加强协同联动，指导金融机构全面推进，推动设备更新改造专项再贷款精准高效落地。截至2022年末，浙江省累计投放设备更新改造贷款210亿元；带动2022年浙江省工业企业技术改造投资同比增长16.3%，增速高于全省固定资产投资7.2个百分点。

二、充分运用普惠小微贷款支持工具,进一步支持小微企业发展。2022年初及时落实将两项直达实体经济货币政策工具接续转换为普惠小微贷款支持工具,二季度起提高激励资金支持比例,加大优惠政策支持力度。2022年浙江省累计发放普惠小微贷款支持工具激励资金80亿元,撬动地方法人银行新增普惠小微贷款4426亿元,占全省同期普惠小微贷款增量的55.3%。

三、加快运用科技创新再贷款,加大科技创新支持力度。会同浙江省科技厅、经信厅建立科技创新再贷款落实推进机制,召开浙江省科技创新再贷款工作推进和银企签约会,将科技部下发的2.4万家浙江省高新技术企业清单推送至金融机构,指导金融机构对照企业清单开展融资对接。在科技创新再贷款带动下,2022年浙江省科技服务业贷款新增3826亿元,同比多增1454亿元。

四、积极推动政策性开发性金融工具落地,有力支持基础设施建设。积极参加浙江省政府建立的政策性开发性金融工具重大项目协调机制,联合省级部门集中现场办公,及时协调解决可研、土地、环评等前置环节问题。举办浙江省金融支持重大基础设施项目建设推进会,组织金融机构加快金融工具投放,加大项目配套贷款支持。截至2022年末,浙江省政策性开发性金融工具支持项目累计167个、投放金额654亿元,占全国投放总额的8.8%。

(二)证券业务规模总体平稳增长,企业上市稳步推进

2022年,浙江省证券机构体系进一步完善,企业上市融资稳步推进,证券、期货部分经营指标增速有所放缓,经营风险保持收敛(见表1-3)。

1.证券机构体系持续完善。截至2022年末,浙江省共有法人证券公司6家,公募基金管理公司3家;证券公司分公司143家,证券营业部1030家,证券投资咨询机构4家。期货公司12家,期货公司分公司70家,期货营业部200家。

2.证券经营机构盈利有所下降。2022年,浙江省证券经营机构累计代

理交易额71.7万亿元,同比下降4.7%;利润总额33亿元,同比下降36.6%。浙江省法人证券公司实现营业收入89亿元,同比下降29.1%;实现利润总额26亿元,同比下降41.6%。法人证券公司核心监管指标满足监管要求,经营稳健性良好。

表1-3　2022年证券业基本情况

项目	数量
总部设在辖内的证券公司数/家	6
总部设在辖内的基金公司数/家	3
总部设在辖内的期货公司数/家	12
年末国内上市公司数/家	657
当年国内股票(A股)筹资额/亿元	1824

注:当年国内股票(A股)筹资额指非金融企业境内股票融资。

数据来源:中国人民银行杭州中心支行、浙江证监局。

3.期货业务规模总体平稳。2022年,浙江省期货经营机构累计代理交易额90.6万亿元,同比下降3.8%;实现利润总额13亿元,同比下降41.4%。浙江省期货公司实现营业收入39亿元,同比下降22.7%;实现利润总额14亿元,同比下降38.4%。

4.证券市场融资稳步推进。2022年,浙江省境内上市公司新增融资1824亿元,其中主板新增融资1280亿元,创业板新增融资338亿元,科创板新增融资186亿元,北交所新增融资20亿元。2022年,浙江省境内共发行公司债414只,融资额3314亿元。

(三)保险业改革加速深化,服务民生功能不断增强

2022年,浙江省保险业总体运行平稳,保费增速有所回升,行业改革加速深化(见表1-4)。

1.保险机构体系继续完善。截至2022年末,浙江省共有保险总公司5家,农村保险互助社3家,分支机构140家,保险销售从业人员38.0万人。2022年末,保险公司资产合计8331亿元,比年初增加1024亿元。

2.保费收入增速整体回升。2022年,浙江省保险业共实现保费收入

3129亿元,同比增长9.4%,增速比上年提高6.6个百分点。其中,财产险保费收入和人身险保费收入同比分别增长10.2%和9.0%。保险业各类赔款给付1076亿元,同比增长4.5%。

表1-4　2022年保险业基本情况

项目	数量
总部设在辖内的保险公司数/家	5
其中:财产险经营主体/家	3
人身险经营主体/家	2
保险公司分支机构数/家	140
其中:财产险公司分支机构/家	68
人身险公司分支机构/家	72
保费收入(中外资)/亿元	3129
其中:财产险保费收入(中外资)/亿元	1151
人身险保费收入(中外资)/亿元	1978
各类赔款给付(中外资)/亿元	1076

数据来源:浙江银保监局、宁波银保监局。

3.行业改革创新进一步深化。围绕乡村振兴,推出水稻完全成本保额补充保险,加快发展地方优势特色农产品保险,2022年浙江保险业为农业提供风险保障649亿元,同比增长8.4%。科技保险改革加速,全面开展知识产权保险创新试点改革,2022年科技保险实现保费收入6亿元,同比增长30.0%。民生领域保险持续扩面,2022年,惠民型商业补充医疗保险参保率达58.2%,保费收入36亿元。

(四)社会融资规模合理增长,金融市场稳健运行

1.社会融资规模同比多增。2022年,浙江省社会融资规模增量为3.5万亿元,同比多增901亿元。从结构看,人民币贷款和外币贷款共增加2.4万亿元,同比多增1799亿元,占社会融资规模增量比重为68.1%,比上年提高3.5个百分点。直接融资(含企业债券和股票)增加4640亿元,同比少增2648亿元,占社会融资规模增量比重为13.3%,比上年下降8.1个百分点。

其中,企业债券增加3507亿元,同比少增2557亿元;非金融企业境内股票融资增加1133亿元,同比少增90亿元。委托贷款、信托贷款和未贴现银行承兑汇票等表外融资增加2441亿元,同比多增1943亿元(见图1-2)。

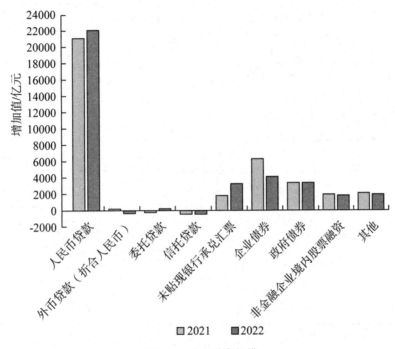

图1-2　社会融资规模

数据来源:中国人民银行杭州中心支行。

2.民营企业债券融资推进有力。2022年,浙江省境内债务融资工具发行5083亿元。其中,民营企业债务融资工具发行708亿元,债券融资支持工具项目落地14个。

3.银行间债券市场总体运行平稳。2022年,浙江省银行间债券市场累计债券回购交易119.6万亿元,同比增长13.3%;累计现券交易27.1万亿元,同比增长11.5%。2022年,现券到期加权平均利率2.77%,同比下降0.41个百分点。

4.票据业务较快增长。2022年末,浙江省金融机构银行承兑汇票承兑余额约2.0万亿元,同比增长33.5%;银行承兑汇票贴现余额7559亿元,同比增长39.9%(见表1-5)。第四季度,浙江省银行承兑汇票直贴加权平均利率1.53%,同比下降0.58个百分点(见表1-6)。

表1-5 2022年金融机构票据业务量统计

单位:亿元

季度	银行承兑汇票承兑		贴现			
			银行承兑汇票		商业承兑汇票	
	余额	累计发生额	余额	累计发生额	余额	累计发生额
1	17008	7585	6057	21673	1042	4592
2	18964	15962	7450	45152	1017	8462
3	19794	23267	7765	62956	1156	11627
4	20112	30605	7559	81516	1230	14665

备注:累计发生额指当年累计发生额。

数据来源:中国人民银行杭州中心支行。

表1-6 2022年金融机构票据贴现、转贴现利率

单位:%

季度	贴现		转贴现	
	银行承兑汇票	商业承兑汇票	票据买断	票据回购
1	2.43	3.76	2.25	2.03
2	1.68	3.47	1.70	1.67
3	1.61	3.41	1.54	1.37
4	1.53	3.45	1.65	1.39

数据来源:中国人民银行杭州中心支行。

5.利率衍生品规模保持平稳。2022年,浙江省法人金融机构利率互换成交本金1.7万亿元,与上年同期持平。2022年,浙江省金融机构黄金市场交易额有所下降,境内市场累计成交额1.3万亿元,同比减少48.0%。

(五)区域金融改革提质升级,积极助力共同富裕

1.深化绿色金融改革。探索绿色金融与转型金融有序衔接,浙江省湖州市出台《构建低碳转型金融体系的实施意见》,相关经验做法写入G20可持续金融工作组成果报告,衢州市印发《关于深化基于碳账户的转型金融工作实施意见》。开展绿色金融创新,湖州市创建碳核算中心、金融机构环境信息披露系统,以及区域性融资主体环境、社会和公司治理(ESG)评价系统,衢州市"碳账户体系建设"入选"中国改革2022年度地方全面深化改革典型案例",两地探索开展金融支持生物多样性保护。

2.开展科创金融改革。浙江省杭州市、嘉兴市科创金融改革试验区获

批。两地提出深化科创金融改革相关意见,通过财政奖补、风险补偿、保费补贴等方式强化科创金融激励机制。建立科技企业名录库,精准支持科创企业信贷融资。2022年末,杭州市、嘉兴市科技企业贷款余额同比分别增长20.7%、15.7%。

3.推动普惠金融改革。推动宁波市普惠金融信用信息服务平台建设,形成融资对接、信息查询、精准获客、风险防控全链条融资服务体系,并成功接入长三角征信链平台。丽水市普惠金融服务乡村振兴改革试验区获批。2022年,全力推动丽水市普惠金融服务乡村振兴改革,积极构建支持生态产品价值实现的金融模式。2022年末,丽水市"生态抵质押贷"余额261亿元、"生态信用贷"余额29亿元。

(六)社会信用体系建设持续深化,金融基础设施逐步完善

1.稳步推进金融信用信息基础数据库建设。持续完善金融信用信息基础数据库建设,有序开展二代系统采集切换。截至2022年末,浙江省共有268家放贷机构接入系统,各地公积金管理中心接入征信系统工作稳妥推进,系统覆盖范围不断扩大。积极践行"征信为民"理念,开展征信服务网点标准化建设,丰富信用报告查询方式,深化自助查询机、商业银行网上银行及手机银行、银联云闪付等渠道建设,2022年共向社会公众提供信用报告查询超过590万笔,征信服务品质不断提升。

2.加强征信市场培育。积极培育征信机构和信用评级机构,更好满足多元化市场需求。截至2022年末,浙江省共有备案企业征信机构和信用评级机构17家,2022年累计提供各类产品和服务21亿次。持续优化完善浙江省企业信用信息服务平台,推动省市平台互联互通,截至2022年末,省市平台共覆盖全省333万余户企业,归集30余个政府部门和公共事业单位信息,提供查询3200万余次。推广应用长三角征信链,促进信用信息跨地区、跨领域共享,截至2022年末,全省共有2家机构和2个平台完成和长三角征信链的对接,依托征信链协助3.4万户企业获得信贷支持2975亿元。

3.深化地方信用体系建设。发挥应收账款融资服务平台和动产融资统一登记公示系统功能,2022年在平台促成融资2865亿元,其中小微企业融资1609亿元。杭州市作为全国首批6个营商环境创新试点城市之一,成功推动机动车、船舶和知识产权担保登记信息与动产融资统一登记公示系统

共享互通。持续深化农村信用体系建设,截至2022年末,浙江省累计为1233万农户、11.9万新型农业经营主体建立信用档案,评定信用农户1003万户,创建信用村(社区)9789个,信用乡(镇、街道)545个。

4.支付体系安全高效运行。2022年,浙江省支付清算系统处理业务22亿笔、金额749.0万亿元,同比分别增长3.9%和12.9%。深化本外币合一银行账户体系试点,将试点范围扩大至浙江省6个地区、8家银行,开立试点账户3万户。"移动支付之省"建设成效明显,全省移动支付普及率达95.5%,银行业移动支付交易市场份额提高至23.6%。

二、经济运行情况

2022年,浙江省认真落实习近平总书记"疫情要防住、经济要稳住、发展要安全"的重要指示精神,扎实推进高质量发展建设共同富裕示范区,统筹打好新冠疫情防控、稳进提质组合拳,经受住了超预期的冲击和挑战。经济运行总体回稳,全年实现地区生产总值7.8万亿元,同比增长3.1%(见图1-3),高于全国平均水平0.1个百分点。第一、二、三产业增加值占GDP比重分别为3.0%、42.7%和54.3%。

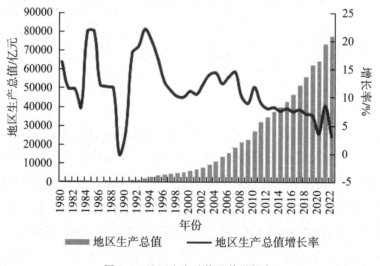

图1-3 地区生产总值及其增长率

数据来源:浙江省统计局。

(一)三大需求协同发力,新发展格局加快构建

1.投资较快增长,结构持续优化。2022年,浙江省固定资产投资(不含农户)同比增长9.1%(见图1-4),高于全国平均水平4.0个百分点。第二产业投资带动作用明显,制造业投资、工业企业技术改造投资同比分别增长17.0%、16.3%,增速分别高于全部投资7.9个、7.2个百分点。基础设施投资、房地产开发投资平稳增长,同比分别增长7.6%、4.4%。民生领域投资增势良好,电力热力燃气及水生产和供应业、公共设施管理业投资同比分别增长29.7%和14.4%,增速均明显快于全部投资。

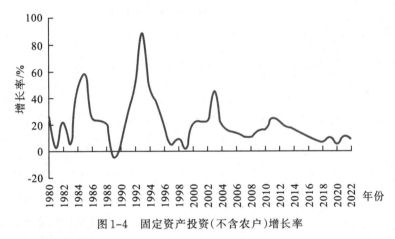

图1-4 固定资产投资(不含农户)增长率

数据来源:浙江省统计局。

2.消费稳定增长,结构提质升级。2022年,浙江省社会消费品零售总额3.0万亿元,同比增长4.3%(见图1-5),高于全国平均水平4.5个百分点。其中,商品零售2.7万亿元,同比增长5.0%,高于全国平均水平4.5个百分点;餐饮收入3187亿元,同比下降1.0%,降幅小于全国平均水平5.3个百分点。升级类商品消费加快增长,在限额以上单位商品零售额中,化妆品类、智能手机类零售额同比分别增长9.0%、8.2%;汽车类零售增长13.7%,其中新能源汽车同比增长113.2%。网络消费稳步增长。2022年,浙江省网络零售额同比增长7.2%,省内居民网络消费额同比增长6.6%。

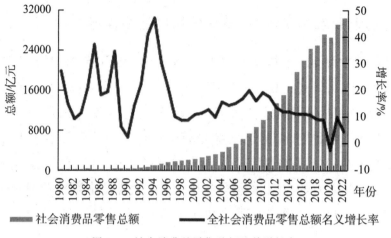

图1-5　社会消费品零售总额及其增长率

数据来源：浙江省统计局。

3.进出口快速增长,利用外资稳步增长。2022年,浙江省进出口总额、出口总额、进口总额分别为4.7万亿元、3.4万亿元和1.3万亿元,同比分别增长13.1%、14.0%和10.7%,占全国份额分别比上年提高0.5个、0.4个和0.4个百分点。出口商品结构转型升级,高新技术、机电产品出口同比分别增长26.8%和11.1%。跨境电商、市场采购贸易等新业态新模式较快发展。2022年,浙江省实际利用外资193亿美元,同比增长5.2%(见图1-6),其中到资3000万美元以上大项目151个,主要投资于科学研究和技术服务业、租赁和商务服务业以及制造业等领域。

图1-6　实际利用外资额及其增长率

数据来源：浙江省统计局。

专栏2:多措并举优化企业汇率避险服务 助力外贸稳增长

2022年,中国人民银行杭州中心支行、国家外汇管理局浙江省分局深入践行"金融为民"理念,坚持把服务企业汇率避险放在更加重要和突出的位置,因地制宜、多策并施,着力提高汇率避险服务水平。截至2022年末,浙江省企业套期保值比率达17.4%,办理汇率避险企业数同比增长15.1%,经营主体汇率避险意识和参与度明显提升。

一、制定系统方案,全面深化汇率避险服务。制定《浙江省全面深化汇率避险服务三年行动方案(2022—2024年)》,明确全省汇率避险工作重点、要求及举措,全面落实工作责任。建立汇率避险"未办户""首办户"和"宣传指导不满意企业"三张名单,指导银行精准对接。截至2022年末,浙江省拓展汇率避险首办户7163家。

二、加强政策联动,全力降低企业汇率避险成本。推动浙江省政府出台《关于发挥政府性融资担保体系作用支持小微企业汇率避险增信服务的实施意见》(浙政办发〔2022〕1号),通过财政支持、担保介入和风险分担的模式支持小微企业汇率避险,并于7月份将政策受惠主体拓宽至外贸综合服务平台和个体工商户。截至2022年末,全省政策项下汇率避险业务累计签约5623笔,签约额14亿美元,为经营主体节约保证金成本5亿元,得到经营主体的广泛好评。

三、强化助企纾困,深化"外汇联络员暖心助企"服务机制。在全省推广外汇联络员服务机制,以"指导到位、对接精准"为原则,通过座谈调研与实地指导相结合等方式,人民银行、外汇局和银行员工联合开展手把手指导、面对面帮扶。2022年,全省5000余名外汇联络员共走访企业6万余家次,覆盖涉外企业客户数的43%。

四、省市联合推进,持续提升"汇及万家"宣传服务质效。通过"线上十线下"联合宣传培训、"传统十新型媒体"联合发声,以"汇及万家"系列宣传为载体,持续送政策进企业。全省各地人民银行、外汇局与当地商务局已联合举办107次宣讲会,组织银行制作宣传短视频、微信长图、友情提示函70余篇,推动银行机构开展各类政策宣讲40余次,政策知晓度有效提升。

五、推动产品创新,指导银行加大特色化服务。部分银行针对小微企业签约金额小、收汇时间不固定的痛点,创新提出"一次签约,签约期内企业随时询价随时结汇"的业务模式。部分银行通过远期结售汇、单一期权及期权组合等多种汇率避险产品,帮助企业应对汇率波动,差异化满足企业锁住订单成本的需求。

(二)三大产业逐步修复,高质量发展持续推进

1.农业生产稳步发展,"千万工程"助力乡村振兴。浙江省深化"千村示范、万村整治"工程,加快推进乡村产业提质增效。2022年,浙江省农林牧渔业产值3756亿元,同比增长3.4%,增速比上年提高0.4个百分点。其中,农业、林业、畜牧业、渔业产值分别为1761亿元、187亿元、412亿元、1263亿元,同比分别增长1.8%、8.4%、4.4%、4.4%。粮食总产量621万吨,与上年基本持平。

2.工业生产回稳向好,创新驱动态势明显。2022年,浙江省规模以上工业增加值2.2万亿元,同比增长4.2%(见图1-7),高于全国平均水平0.6个百分点。规模以上工业中,数字经济核心产业制造业增加值同比增长10.7%,高技术产业、战略性新兴产业、装备制造业等产业增加值同比分别增长11.5%、10.0%、6.2%,增速均高于全部规模以上工业。创新活力持续增强,2022年,规模以上工业企业研发费用支出同比增长14.5%,高于营业收入7.1个百分点。

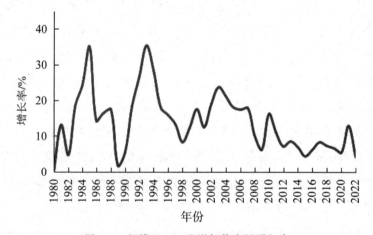

图1-7　规模以上工业增加值实际增长率

数据来源:浙江省统计局。

3.服务业企稳回升,现代服务业增势较好。2022年,浙江省服务业增加值4.2万亿元,同比增长2.8%,高于全国平均水平0.5个百分点。其中,金融业增加值同比增长8.3%,信息传输、软件和信息技术服务业增加值同比增长4.9%,批发和零售业增加值同比增长4.1%。规模以上服务业企业营业收入同比增长0.9%,其中,租赁和商务服务业、卫生和社会工作、科学研究和技术服务业营业收入同比分别增长10.3%、8.3%和6.6%。

4.供给侧结构性改革深入推进,减税降费惠企利民。新动能持续引领增长,2022年以新产业、新业态、新模式为主要特征的"三新"经济增加值占GDP的28.1%。转型升级持续推进,高新技术产业投资同比增长22.9%。加大减税降费力度,为经营主体减负4000亿元以上,兑付涉企政府性补助补贴资金1088亿元,完成增值税留抵退税2233亿元。国有单位减免房租82亿元,惠及小微企业和个体工商户30.2万户。

5.生态环境改善,节能降耗取得新成效。浙江省坚持"绿水青山就是金山银山"理念,深入推进生态文明建设。2022年,浙江省设区城市空气质量优良天数比率为89.3%,城乡垃圾回收利用率超过60%。省控断面优良水质比例97.6%,比上年提高2.4个百分点。绿色低碳发展迈出坚实步伐。2022年,浙江省新能源产业增加值同比增长24.8%,增速高于规模以上工业增加值20.6个百分点。

(三)居民消费价格温和上涨,工业生产者价格涨幅回落

1.居民消费价格温和上涨,八大类消费品及服务价格同比全部上涨。2022年,浙江省居民消费价格指数(CPI)同比上涨2.2%,涨幅较上年扩大0.7个百分点。八大类消费品及服务价格同比均上涨,其中,交通通信、教育文化娱乐、食品烟酒、其他用品及服务、生活用品及服务、居住、衣着、医疗保健同比分别上涨5.1%、3.1%、2.6%、1.8%、1.8%、0.7%、0.4%和0.3%。

2.工业生产者价格涨幅回落,生产资料涨幅大于生活资料。2022年,浙江省工业生产者出厂价格(PPI)和购进价格同比分别上涨4.0%和6.1%,涨幅比上年分别回落2.3个和8.4个百分点(见图1-8)。工业品出厂价格中,生产资料价格上涨4.5%,生活资料价格上涨2.1%。

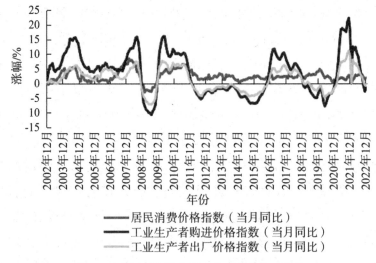

图1-8　居民消费价格和生产者价格变动趋势

数据来源：浙江省统计局。

3.高质量发展深入推进,城乡收入差距持续缩小。2022年,浙江省全员劳动生产率19.9万元/人,同比增长2.2%;年末就业人员3930万人,同比增长0.8%,占常住人口的59.8%。共同富裕持续推进,城乡收入差距缩小。2022年,浙江省全体、城镇、农村居民人均可支配收入分别为6.0万元、7.1万元和3.8万元,同比分别增长4.8%、4.1%和6.6%。城乡收入比1.9,比上年缩小0.04。

（四）财政收入增长保持韧性,民生等重点领域支出保障有力

1.财政收入有所放缓。2022年,浙江省一般公共预算收入8039亿元,同比下降2.7%（见图1-9）,扣除留抵退税因素后同比增长5.5%。其中,税收收入6620亿元,同比下降7.7%,扣除留抵退税因素后同比增长2.0%,占一般公共预算收入的82.3%。

2.财政支出保障有力。2022年,浙江省一般公共预算支出1.2万亿元,同比增长9.1%（见图1-9）。民生等重点领域支出保障有力,公共安全、教育、科技等十项支出8980亿元,同比增长9.6%,占一般公共预算支出的比重为74.7%。

3.地方政府债券稳步增加。2022年,浙江省共发行地方政府债券4279亿元,同比增加43亿元。其中,发行新增债券2973亿元。截至2022年末,浙江省地方政府债务余额2.0万亿元。

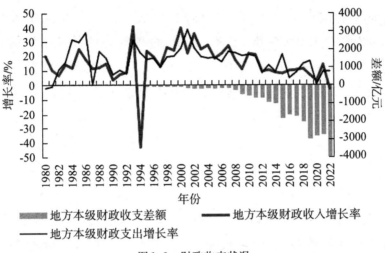

图1-9　财政收支状况

数据来源:浙江省统计局。

(五)房地产市场平稳运行,价格有所分化

1.房地产开发投资保持平稳增长。2022年,浙江省房地产开发投资1.3万亿元,同比增长4.4%,总体保持平稳增长态势。其中,住宅投资增长3.2%,拉动房地产开发投资增长2.3个百分点。

2.商品房销售面积和销售额回落。2022年,浙江省商品房销售面积6815万平方米,同比下降31.8%;商品房销售额同比下降33.6%(见图1-10)。

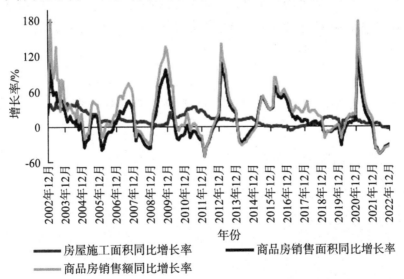

图1-10　商品房施工和销售变动趋势

数据来源:浙江省统计局。

3.商品住宅销售价格分化。国家统计局发布的70个大中城市房价指数显示,2022年12月份,杭州、宁波、温州、金华新建商品住宅销售价格指数同比分别上涨6.4%和1.8%、下降6.3%和2.1%。2022年12月份,杭州、宁波、温州、金华二手住宅销售价格指数同比分别下降0.9%、1.6%、4.8%和6.1%。

三、发展展望

展望未来,浙江省经济运行有望总体向好,但经济恢复基础尚不牢固。浙江省强力推进创新深化、改革攻坚、开放提升,实施三个"一号工程",推进"十项重大工程",积极推动"8+4"经济政策体系落地见效,经济运行平稳开局。但也要看到,浙江经济高质量发展的基础尚不稳固,出口面临挑战,居民储蓄向消费转化的动能有待观察,房地产业转向新发展模式尚需时日,总需求不足仍是经济运行面临的突出矛盾。

浙江金融系统将继续坚持以习近平新时代中国特色社会主义思想为指导,全面贯彻党的二十大和中央经济工作会议精神,坚持稳中求进工作总基调,完整、准确、全面贯彻新发展理念,精准有力落实稳健的货币政策,围绕浙江省委、省政府三个"一号工程"和"十项重大工程"部署,提升金融服务实体经济水平,持续优化信贷结构,为浙江在高质量发展中奋力推进中国特色社会主义共同富裕先行和省域现代化先行作出更大的金融贡献。

（本报告由中国人民银行浙江省分行提供）

第二章 2022年度浙江省地方金融业改革与发展报告

2022年，全省金融系统认真贯彻落实省委、省政府决策部署，深入实施融资畅通工程和凤凰行动计划，深化区域金融改革，推进新兴金融中心建设，有效防控重大金融风险，为高效统筹新冠疫情防控和经济稳进提质、扎实推进高质量发展建设共同富裕示范区提供强有力金融支撑。

一、2022年度浙江省地方金融改革发展主要工作成效

（一）深入实施融资畅通工程，服务经济稳进提质。深入贯彻稳经济一揽子政策措施，制定实施专项金融政策，专班化清单式落实稳进提质攻坚行动。2022年末，全省银行业金融机构各项存、贷款余额分别为19.63万亿元和18.98万亿元；全省民营经济贷款、普惠小微贷款、制造业贷款、涉农贷款、科技服务业贷款、绿色贷款增量分别为上年的1.1倍、1.1倍、1.1倍、1.4倍、1.6倍、1.5倍；企业贷款加权平均利率为4.35％，同比下降0.37个百分点，其中，大型、中型、小微型企业贷款加权平均利率同比分别下降0.44个、0.43个和0.33个百分点；全省不良贷款率0.63％，比年初下降0.11个百分点，保持较低水平。

（二）深入实施"凤凰行动"计划，引领产业高质量发展。2022年，提升上市"一件事"集成办理效能，全省推广"凤凰丹穴"应用，健全省市县三级金融顾问制度。2022年末，全省新增境内外上市公司79家，其中境内56家；

全省共有境内外上市公司825家（境外171家），总市值超10万亿元，其中境内上市公司657家，数量居全国第二位，总市值超7万亿元；新三板挂牌企业614家，数量居全国第四位；省股权交易中心挂牌企业9834家；全省上市公司共计新发起并购187起，交易总金额466亿元。协同深化长三角期现一体化油气交易市场建设，在舟山价格指数体系、"产能预售＋稳价订单"、保税商品登记系统等方面形成一系列标志性成果。2022年油气贸易交易额达到4324.34亿元，2020—2022年贸易交易额的平均增速达39.89％，初步探索形成了创新现货交易模式、服务油气全产业链的有效路径。

（三）加快建设新兴金融中心，提升对经济增长贡献。深度融入"一带一路"建设、长三角一体化等，实施新一轮钱塘江金融港湾发展计划，推动港湾拥江扩面提升能级，举办第四届钱塘江论坛，迭代升级金融特色小镇。高标准推进数字人民币试点城市建设七大主题20类应用场景，将试点工作有效落实到服务实体经济、方便百姓生活、引领经济高质量发展等方面。积极推进金融机构数字化改革，支持金融科技和第三方支付机构等新兴金融市场主体健康发展。2022年末，全省银行业金融机构本外币资产和负债总额分别为25.5万亿元和24.4万亿元，同比分别增长14.4％和14.6％；全省证券经营机构和期货经营机构代理交易额分别为71.7万亿元和90.6万亿元；实现保费收入3129亿元，同比增长9.4％，其中，财产险公司保费收入和人身险公司保费收入同比分别增长10.2％和9.0％，保险业赔付支出1076亿元，同比增长4.5％；全省备案私募投资基金管理人2676家，管理资产规模1.82万亿元，居全国第四位。

（四）一体推进区域金融改革、共富型金融改革。2022年，国务院新批准杭州嘉兴科创金融改革、丽水普惠金融服务乡村振兴改革等试点。宁波、衢州、丽水、温州获中央财政支持普惠金融发展示范区奖补。金华开放经济金融服务改革创新省级试点启动实施。台州小微金改、湖州衢州绿色金改等圆满完成改革任务。探索深化金融支持共同富裕改革，争取落地人民银行等四部门和省政府联合出台金融支持共同富裕示范区建设专项政策。落地全国深化农信社改革"第一单"，浙江农商联合银行挂牌成立。

二、2023年度浙江省地方金融改革发展重点工作

　　一是深入实施融资畅通工程和凤凰行动计划,落实"8+4"政策体系要求,保持金融供给合理充裕,强化重点领域和关键环节金融服务,促进企业综合融资成本稳中有降。二是深入推进金融改革试点,启动实施杭州嘉兴科创金融、丽水普惠金融服务乡村振兴等一批改革试点,推广一批优秀经验做法。三是高水平建设新兴金融中心,推进建设钱塘江金融港湾,打造金融特色小镇升级版,高质量建设数字人民币亚运会场景。四是深化地方金融组织监管与改革,持续加强地方金融组织监管。五是夯实金融风险防控堤坝,牢牢守住不发生系统性金融风险的底线。

　　　　　　　　　　　　　　　　　(本报告由浙江省地方金融监管局提供)

金融行业类别报告

第三章　2022年度浙江省银行业发展报告

2022年,面对复杂严峻的国内外环境,浙江银行业加大实体经济支持力度,夯实信贷投放,优化金融服务,强化金融支持稳经济保民生作用,全力助推浙江经济高质量发展。

一、2022年度浙江银行业运行总体状况

浙江银行业组织体系健全。截至2022年末,浙江共有银行业法人机构201家(含浙商银行)。其中,股份制银行1家、城商行13家、民营银行2家、农村金融机构162家、财务公司10家、信托公司5家、金融租赁公司4家、汽车金融公司1家、消费金融公司1家、理财子公司2家;一级分行178个,二级分行177个,支行及支行以下营业网点1.3万个,从业人员共27.5万人。

(一)存贷款平稳较快增长

截至2022年末,浙江银行业总资产、总负债规模分别达到25.5万亿元和24.4万亿元,较年初分别增加3.2万亿元和3.1万亿元,同比增长14.41%和14.61%,增速高于2021年2.42个百分点和2.88个百分点。各项存款、贷款余额分别为19.6万亿元和19万亿元,分别是新冠疫情前(2019年末)的1.50倍和1.56倍,各项存款、贷款全年分别新增2.6万亿元、2.4万亿元,增速分别为14.94%和14.51%,保持较快增长速度。分银行类型来看,新冠疫情期间,大型商业银行充分发挥银行业"头雁"作用,担当作为,新增贷款金额最多;城商行、农商行具有地域优势,更大力度支持当地经济恢复,贷款余额增速最快。

（二）资产质量总体稳健

2022年,浙江银行业存量显性金融风险呈收敛态势,年末不良贷款率和关注类贷款率分别为0.63％、0.83％,排名(从低到高)分别位列全国第一和第二。浙江银保监局印发完善信用风险防控长效机制三年行动方案,加大对重点领域风险监测,加快存量风险出清,全年共处置不良贷款1268.32亿元。截至2022年末,浙江银行业贷款损失准备余额4755.6亿元,同比增长10.67％,继续保持较快增长速度;拨备覆盖率为399.85％,较年初增加49.3个百分点。

（三）稳妥有序推进金融风险防范化解

出台地方中小银行高质量发展意见,健全与地方党委、政府沟通报告机制,加快形成法人机构风险处置工作合力。推动压实属地风险处置责任,"一行(司)一策"推进重点机构改革化险、增资引战,浙江银行保险机构整体经营质量居全国前列。大力规范整治重点业务,持续规范互联网存贷款业务,深入推进类信贷影子银行整治,依法稳健推进重大案件风险处置。全力配合"保交楼",推动"保交楼"专项借款落地,推广二手房"带押过户",开展保函置换预售监管资金业务,推动房地产市场平稳健康发展。

（四）支持助企纾困稳进提质

2022年,浙江银保监局全力落实稳经济一揽子政策措施,联动省级部门出台系列专项政策,成立局系统经济稳进提质攻坚行动工作专班,局领导带队赴各地市开展实地督导。综合施策打好惠企纾困组合拳,持续优化联合会商机制、扩大帮扶范围,不折不扣落实延期还本付息政策,迭代升级"双保"助力融资支持机制,累计向14.5万户中小企业发放"双保"助力贷2594亿元;深化"连续贷＋灵活贷"机制,贷款余额占企业流动资金贷款的56％。持续推进企业减负降本,组织开展涉企乱收费专项整治行动,持续推进政府性融资担保体系一体化建设,完善风险分担补偿机制;全年新发放普惠型小微企业贷款利率5.22％(不含网商银行),较2021年下降0.48个百分点。

(五)不断优化金融服务社会民生

完善共同富裕金融支持体系架构,对照支持浙江共同富裕示范区建设"金融31条"细化落实措施,围绕"扩中提低"等联合出台10多项政策,20家总行总部出台专项支持政策或与浙江省签订战略合作协议。"一县一策"深化山区26县金融支持,山区26县各项贷款增速高于全省平均水平6.3个百分点。提升农业农村金融服务水平,全辖推广"农户家庭资产负债表融资模式",推动新型农业经营主体信用建档评级动态全覆盖。联合印发《关于优化新市民金融服务的通知》,推进加强进城农民工、大学生、退役军人等重点群体金融服务,持续加大新市民金融服务供给和创新。切实推动慈善信托发展,推动信托财产登记、慈善信托税收优惠政策等落地试点,辖内(不含宁波,下同)慈善信托备案规模继续保持全国领先。推进金融"共享法庭"建设,多元化解行业矛盾纠纷,打击不良代理投诉举报,出台《浙江银行业保险业适老金融服务指引》,开展"寻找保险生存金领取人"专项行动,多措并举推动解决人民群众急难愁盼问题,切实提升人民群众的获得感、幸福感、安全感。

(六)强化重点领域金融保障

2022年,浙江银保监局全力支持制造业、小微企业、绿色发展、科技创新等重点领域和薄弱环节,信贷结构进一步优化。推动制造业领域贷款扩大投放,全力保障全省扩大有效投资、抓好重大项目的资金需求,年末浙江制造业贷款余额3.91万亿元、同比增长20.11%,制造业贷款占各项贷款比例20.61%、同比上升0.97个百分点。创新"碳效贷"等绿色金融产品,推动丽水成功获批全国首批气候投融资试点,年末全省绿色信贷余额2.27万亿元,同比增长50.79%。联合开展科技企业专项金融"三服务"活动,支持"专精特新"企业发展,年末辖内科技型企业贷款余额1.04万亿元,同比增长30.52%。深化外贸领域金融服务,对重点外贸企业开展"清单式"服务,推动政策性出口信保费用"三降"。

(七)推进金融领域改革创新

2022年,浙江银保监局深入推进数字化变革,全面迭代升级浙江省金融综合服务平台,日均信息调用量50万余次,截至2022年末,累计惠及企业和个体工商户超900万家次,遥遥领先全国同类平台。指导浙江农商联合银行顺利开业,全国农信社改革"第一单"在浙江率先落地,农村金融机构改革持续走在全国前列。积极探索党的领导与公司治理有效融合,171家法人机构已将党建工作写入章程。推动金融改革先行先试,健全"险资入浙"工作路径,深化知识产权质押登记线上办理试点,积极支持自贸区、"一带一路"等建设,以及长三角一体化、杭州嘉兴科创金融、湖州衢州绿色金融、义乌国际贸易金融、台州小微金融等重大战略和重大区域改革工作。

二、浙江省银行业发展展望

展望未来,浙江银行业将进一步强化对实体经济的支持力度,稳中求进,更加重视稳总量、优结构。

(一)重点领域和薄弱环节金融支持力度持续加大,实体经济信贷资金需求进一步得到保障。浙江银行业将继续紧扣服务实体经济这个核心环节,持续推进金融政策紧密协同产业政策、财政政策、社会政策,加强对现代服务业、消费、传统产业升级、绿色低碳发展、乡村振兴、科技创新等重点领域和薄弱环节的融资支持力度。

(二)民营和小微企业金融服务得到强化,发展信心持续提振。浙江银行业将进一步加大对民营和小微企业融资支持力度,在供应链金融、保障房建设运营等领域,充分发挥金融要素带动作用,鼓励银行机构对优质民企提供增信支持,推动银行机构资金、信用优势与民企技术、管理优势形成互补,完善构建新型互惠共赢的银企合作模式,帮助企业走出当前困境、提振发展信心。

(三)房地产市场信心有望恢复,金融支持刚性和改善型住房需求力度进一步加大。随着一揽子房地产政策的相继发力,房地产支柱地位的重提,市场信心有望逐步恢复。浙江银保监局将持续推动"保交楼、保稳定"与支持房地产新发展模式并行,保持房地产融资平稳有序,努力形成金融与房地产的良性循环,支持房地产市场平稳健康发展。一方面,浙江银行业将继续满足优质头部房企合理融资需求,做好房地产并购融资支持。另一方面,刚性和改善型住房需求也将得到更好满足,新市民、青年人等重点人群和保障性租赁住房等重点领域的金融支持力度将进一步加大,体现出浙江银行业金融责任担当。

(四)餐饮、购物、旅游、住宿等领域迎来显著的消费增长,居民"线上＋线下"融合消费的金融需求得到更好满足。当前阶段,总需求不足是经济运行面临的突出矛盾,也是市场主体感受最为直接的困难,在消费领域尤为显著。未来消费环境有望逐渐恢复,线下实体经济也将得到进一步"回归"。金融支持消费的力度将进一步加大,符合新市民、个体工商户等不同消费群体特点的金融产品将进一步创新,养老、教育、医疗、文化、体育、餐饮、住宿和旅游等领域消费的综合金融服务将成为未来辖内银行机构的重点关注方向。

(五)"金融＋科技"理念和手段进一步深化,区域性金融风险提前研判能力得到强化。浙江银行机构将进一步推动金融领域数字化手段运用,深化跨部门信息共享运用和业务协同整体智治,丰富数字化金融服务应用场景体系建设;支持银行机构强化数字赋能驱动,主动精准对接企业融资需求,推动科技手段与金融服务深度融合,提升金融服务可得性和对接效率;支持银行机构运用大数据、人工智能、区块链等技术手段,强化风险识别和管理等方面的风控能力建设,进一步强化金融风险提前研判能力建设。

(六)科学监管能力不断提升,坚定维护安全稳定职责、守牢风险底线。近年来,浙江金融风险化解成效显著,信贷资产质量处于全国前列,为进一步释放金融活水、满足实体经济需求提供了坚实基础。未来,浙江银保监局将持续落实好防范化解系统性风险各项决策部署,在"稳中求进"的总基调下"精准拆弹",稳妥科学推动风险处置,维护经济金融和社会大局稳定。一方面,聚焦风险防控主责主业,完善风险防控长效机制建设,密切关注各类风险隐患点,持续提升金融监管前瞻性、穿透性、持续性。针对行政处罚、现场检查、非现场监管等重点领域,持续完善全流程全链条审慎监管;深入推进智慧监管,不断提升识别、定位、处置问题的精准度。另一方面,持续推进重点领域风险化解。对风险暴露问题保持高度警觉,强化源头治理,做实资产风险分类,有效应对信用风险反弹。稳妥推进浙江辖内法人机构改革化险,积极探索符合中小法人特点的差异化公司治理监管措施。坚决整治金融乱象和非法金融活动,依法将各类金融活动全部纳入监管,对各类伪创新露头就打,营造风清气正的健康行业生态。

(本报告由国家金融监督管理总局浙江监管局提供)

第四章 2022年度浙江省证券业发展报告

一、浙江省资本市场发展概况

（一）企业上市取得新进展，发展质量进一步提高

2022年，全省新增IPO境内上市公司55家，占全国新增IPO总数的12.97%，位居全国第三；净增加境内上市公司51家[1]。截至2022年底，全省有境内上市公司657家，位居全国第二；全省新三板挂牌企业608家，位居全国第四；浙江省股权交易中心挂牌展示企业13144家（见表4-1）。全省有境内拟上市企业418家，其中辅导期企业269家，已报会在审核企业137家，已过会待发行企业[2]12家。上市公司经营效益和发展质量保持稳定，2022年营业收入同比增长10.9%，为稳经济大盘贡献了力量。

表4-1 2022年浙江境内上市挂牌企业数量

单位：家

指标名称	2022年新增数	2022年末数
境内上市公司	51	657
其中：主板	10	444
创业板	19	156
科创板	11	43

---

[1] 2022年1—12月，全省净增加上市公司51家，其中IPO新增55家，顺发恒业迁入增加1家，*ST中新、*ST艾格、*ST圣莱、*ST众应退市减少4家，慈文传媒迁出减少1家。

[2] 已过会待发行是指通过证监会发审委审核或注册生效的公司。

续表

指标名称	2022年新增数	2022年末数
北交所	11	14
新三板挂牌企业	-4	608
浙江省股权交易中心挂牌展示企业	634	13144

(二)股债融资持续活跃,融资渠道进一步拓展

2022年,全省境内上市公司新增股权融资总额1241.17亿元,实施并购重组187次,涉及金额463.20亿元。全年发行公司债券共414只,融资总额3313.99亿元。全年新增股债融资总额5501.41亿元,其中新发可转债融资410.78亿元,居全国第一;新发ABS募资499.06亿元,同比增长超六成;新增1单REITs发行,募集资金14.04亿元(见表4-2)。

表4-2　2022年浙江资本市场直接融资情况

指标名称	2022年金额/亿元	同比增长/%
境内上市公司新增股权融资	1241.17	-13.92
其中:首发融资	501.62	-26.57
配股融资	86.46	-27.31
增发融资	653.09	2.08
可转债、公司债和交易所ABS融资	4223.83	-15.49
新三板融资额	22.37	-1.45
REITs融资	14.04	67.80

(三)证券基金行业健康发展,综合竞争力显著提升

截至2022年底,全省有证券公司4家,证券资产管理公司2家,证券分公司143家,证券营业部1030家,证券投资咨询机构4家,基金管理公司3家[①](见表4-3);全省证券投资者开户数2411.91万户;证券经营机构托管市

---

① 浙商基金注册地在杭州,主要运营地在杭州,由浙江证监局监管;南华基金注册地在金华东阳,主要运营地在杭州,由浙江证监局监管;永赢基金注册地在宁波,主要运营地在上海,由上海证监局监管。因此按机构注册地口径计算,全省有公募基金管理公司3家,故下文中公募基金相关数据仅含浙商基金和南华基金。

值5.83万亿元,客户交易结算资金余额1842.30亿元。2022年,全省证券经营机构累计实现代理交易额71.69万亿元、手续费收入124.19亿元、利润总额32.69亿元(见表4-4);全省证券公司(包括证券资产管理公司)实现营业收入89.18亿元、利润总额27.38亿元。

2022年,全省证券公司深耕浙江,与多个地市政府、国有企业、金融机构深化战略合作,推荐优质企业进入资本市场。证券期货经营机构交易系统平稳运行,保障资本市场交易安全。

(四)期货行业开拓创新,期现结合助企富农

截至2022年底,浙江省共有期货公司12家,期货分公司70家,期货营业部200家(见表4-3);全省期货投资者开户数70.16万户,期货经营机构客户保证金余额1447.91亿元。2022年,全省期货经营机构累计实现代理交易额90.06万亿元、手续费收入26.41亿元、利润总额13.34亿元(见表4-4)。期货公司累计实现代理交易额69.12万亿元、营业收入38.74亿元、利润总额13.86亿元。

2022年,全省期货公司积极服务大宗商品保供稳价,加强农业经营主体服务,推广生猪等农产品"保险＋期货"助力乡村振兴。

(五)私募机构规范发展,管理规模保持平稳

全省私募基金管理机构投融资活跃,在支持企业股权融资、促进创新资本形成、服务居民财富增长等方面继续发挥积极作用。浙江各地政府高度重视私募基金集聚发展、规范发展,持续加强私募基金规范治理和风险防范化解,推动形成良好的金融投资和发展环境。截至2022年底,全省共有2676家私募基金管理人完成登记,发行产品16888只,管理资产规模18171.72亿元(见表4-3),同比减少1308.35亿元。

表4-3　2022年浙江证券期货经营机构基本情况

指标名称	2022年末数
证券公司/家	4
证券资产管理公司/家	2

续表

指标名称	2022年末数
证券公司分公司/家	143
证券营业部/家	1030
证券投资咨询机构/家	4
基金管理公司/家	3
期货公司/家	12
期货公司分公司/家	70
期货营业部/家	200
已登记私募基金管理人/家	2676
已备案私募基金/只	16888
已备案私募基金管理规模/亿元	18171.72

表4-4　2022年浙江证券期货交易情况

指标名称	2022年	同比增长/%
证券经营机构代理交易金额/亿元	716811.71	-4.66
其中：A、B股交易额/亿元	424630.23	-15.88
基金交易额/亿元	20915.32	-3.44
证券经营机构代理交易手续费收入/亿元	124.19	-17.25
证券经营机构利润总额/亿元	32.69	-36.56
证券经营机构托管市值/亿元	58321.69	-4.86
证券经营机构客户交易结算资金余额/亿元	1842.30	13.51
证券投资者开户数/万户	2411.91	-1.80
期货经营机构代理交易额/亿元	900570.14	-4.37
期货经营机构代理交易手续费收入/亿元	26.41	-22.53
期货经营机构利润总额/亿元	13.34	-41.26
期货经营机构客户保证金余额/亿元	1447.91	16.91
期货投资者开户数/万户	70.16	17.70

二、浙江省资本市场存在的主要问题及风险

(一)上市公司方面

浙江上市公司发展情况总体良好,全年业绩稳步增长,行业状况持续好转;公司继续加大研发投入,创新驱动发展能力进一步增强,高质量发展态势明显。但由于受新冠疫情影响,原料、人工、运输成本大幅上升,企业经营负担加重。原有大股东高比例质押、资金占用、违规担保风险化解进入瓶颈期,上市公司风险化解难度加大。

(二)公司债券方面

近年来,浙江公司债券市场快速发展,公司债存续规模不断扩大。截至2022年末,浙江省共有447家企业存续公司债券1405只,存续规模11957.11亿元,规模较年初增长8.79%。债券兑付规模仍然较大,偿付压力持续攀升,存量违约企业风险出清的进程比较缓慢,必须持续警惕流动性风险和信用风险。

(三)私募基金方面

私募基金在支持中小企业、创新创业企业股权融资方面发挥了重要作用。但随着经济金融形势的变化,私募行业前期快速发展中隐藏的矛盾和问题集中显现,部分私募机构违法违规募集、管理、使用基金财产的风险持续暴露。2022年,私募分类整治工作大力开展,存量风险产品规模持续压降。但后期风险处置和底层资产变现的难度依然存在。

三、浙江资本市场发展展望

未来,浙江资本市场改革发展将坚持稳字当头、稳中求进,统筹发展和安全,实现发展质量和服务实体经济质效进一步提升。一是以全面推进注册制改革为契机,支持浙江符合条件的企业精准对接多层次资本市场做优

做强,引导各类企业合理利用公司债券市场融资,大力推动利用REITs盘活基础设施存量资产,进一步推进区域性股权市场创新试点。二是推动实施新一轮提升上市公司质量行动计划,强化信息披露与内部控制监管,提高上市公司透明度和运作规范水平,支持上市公司转型升级、做优做强,更好发挥创新领跑者和产业排头兵作用。三是督促引导证券期货机构进一步突出主业,通过差异化发展和专业化经营,更好发挥资本市场投融资中介功能。引导私募基金管理机构规范健康发展,将更多资金投向国家支持的战略性新兴产业。四是贯彻落实《健全资本市场风险预防预警处置问责制度体系实施方案》,推动进一步健全风险防控的属地合作机制,稳妥有序推进公司债券、私募基金等重点领域风险防范化解,维护浙江资本市场良好发展生态。

（本报告由中国证监会浙江监管局提供）

第五章　2022年度浙江省保险业发展报告

2022年,浙江保险业大力践行金融工作政治性和人民性要求,围绕浙江经济社会发展,找准服务重点,充分发挥保险的风险减震器、社会稳定器和经济助推器作用,全方位服务浙江"两个先行"。

一、2022年度浙江保险业运行总体状况

(一)浙江保险业整体景气程度明显改善

2022年,浙江省实现保费收入3129.11亿元,全国排名第4位,同比增长9.42%,增速高于上年6.58个百分点,高于全国平均4.84个百分点。全省保险业为社会提供风险保障1501.57万亿元;支付各类赔款及给付1075.82亿元,同比增长4.49%,高于全国平均5.28个百分点。截至2022年末,全省保险公司资产共计8330.99亿元,较年初增长14.01%。

截至2022年末,浙江辖内(不含宁波,下同)共有各类保险机构3117家。其中,保险总公司4家,农村保险互助社1家,省级分公司86家(财产险公司38家,人身险公司48家),中心支公司450家,支公司1047家,营业部237家,营销服务部1292家。辖内共有保险专业中介机构220家,保险中介从业人员35.37万人。

(二)财险业务结构调整优化"量质双升"

车险业务"一险独大"态势加速调整,车险保费占比从2019年的67%进

一步下降至60％,险种业务结构持续优化,产品类型及发展水平逐步与国民经济发展特征相适应。2022年,全省财险公司实现保费收入1150.93亿元,同比增长10.17％。分险种看,车险实现保费收入690.0亿元,同比增长8.87％,高于新冠疫情前同期(2019年)3.87个百分点;车险综改成效进一步深化,浙江辖内车险综合赔付率73.75％,高于全国平均水平4.94个百分点,浙江辖内车险综合费用率22.11％,同比下降0.26％,低于全国平均水平6.28个百分点,"高保低费"格局基本形成。非车险实现保费收入460.93亿元,同比增长12.18％;其中,规模前三大险种为责任保险、短期健康险、企业财产保险,分别占非车险业务保费收入的21.61％、21.56％、10.7％,三者保费收入集中度高达53.9％,成为拉动非车险业务增长的主力。

(三)人身险业务发展趋势持续向好

2022年,全省人身险公司实现保费收入1978.18亿元,同比增长8.98％。其中,寿险业务保费收入1571.04亿元,同比增长9.64％,增速较上年增加5.97个百分点;健康险业务保费收入377.60亿元,同比增长8.41％,增速较上年增加7.65个百分点;意外险业务保费收入29.55亿元,同比减少12.82％,降幅高于上年5.05个百分点。全省人身险公司累计赔付支出361.81亿元,同比增长2.55％。与此同时,保险公司主动进行代理渠道改革,重视增员质量,行业队伍进一步转型升级。居民预防性储蓄需求增长,银行邮政渠道代理保费收入增速上升明显,银保渠道储蓄险助力新单增长效果明显。

(四)积极参与社会治理

2022年,浙江银保监局积极推进保险业改革创新。聚焦科技自立自强,落地新材料首批次应用保险省级试点,推动完善首台(套)保险风险补偿机制,探索开展"创新保"专属科技保险,辖内科技保险提供风险保障5732亿元。全面开展知识产权保险创新试点改革,累计为3350件商标、专利、地理标志等提供风险保障19.73亿元,是2021年的28倍。全域推行政策性水稻完全成本保险,完善农险共保体运行机制,加快发展地方优势特色农产品保险,2022年辖内农业保险为农户提供风险保障552亿元,同比增长

7.55%。突出"保障+服务"的设计理念,联合省应急管理厅、省财政厅印发《关于开展巨灾保险试点的通知》,确定温州、台州、丽水为首批省级支持巨灾保险试点地区。

(五)切实发挥民生保障功能

2022年,浙江银保监局大力推进民生领域保障性保险发展,助力建设健康浙江。深入推进浙江惠民型商业补充医疗保险承保扩面,持续践行"人群广覆盖""保障可衔接""商业可持续"的高质量发展目标,全辖承保2774.8万人,参保率达58.1%,提供风险保障54万亿元,平均参保率居全国首位。积极推进第三支柱养老保险发展,深化专属商业养老保险试点工作,辖内实现承保件数11.4万件,在保险保障总量、保障总人数、服务新产业新业态和灵活就业人员人数上实现"三个全国领先"。持续提升长期护理保险服务质效,辖内保险机构共参与浙江6个地区近850万人的长期护理保险试点服务。

二、浙江省保险业发展展望

(一)财险行业景气度延续

一是国家汽车产业政策托底车险业务发展。2022年中央经济工作会议明确指出,着力扩大国内需求,把恢复和扩大消费摆在优先位置,支持住房改善、新能源汽车、养老服务等消费。预计新能源汽车消费政策将有助于托底新车销量增长。此外,存量车保障需求刚性固定,可作为车险保费的压舱石。在汽车保有量持续增长的背景下,未来车险保费有望保持稳健增长态势。

二是非车险业务改革创新助力经济高质量发展。近年来,保险公司在落实新发展理念,促进经济社会高质量发展,参与社会治理现代化建设等方面主动性、积极性明显增强。预计未来财险公司将加大环境、社会、治理风险保险业务投入,加强与气候变化、环境污染相关的环责险、气候保险、巨灾保险以及清洁能源、节能环保、绿色建筑、绿色基建等领域责任保险、保证保险细分保险产品及相关服务研发。随着财险公司绿色经济风险管理服务持续推进,农业保险、大病保险等政府扶持业务的大力发展,以及"健康中国"战略推动下居民健康意识加强,融资类信保业务风险基本出清,预计非车险险种有望持续加大保费收入贡献。

(二)人身险行业发展前景广阔

短期来看,储蓄类保险产品需求持续回暖,保障类保险产品需求缓慢复苏。一方面,在金融市场波动加剧的背景下,保单现金价值稳定提升,收益率稳健的储蓄型保险在各类理财产品中优势显著,将受到消费者更多青睐。另一方面,保障型保险需求仍有待释放。主要险企加大保障型保险产品创新力度、升级保险责任,扩大对带病体等特定人群的覆盖,进一步加强少年、老年、失能群体、高净值客户等群体的分层经营。

长期来看,健康养老业务将为人身险行业带来新的增长动能。2022年以来,第三支柱个人养老保险相关政策密集出台,标志着我国第三支柱养老保险制度体系框架搭建基本成型,第三支柱养老保险发展驶入"快车道"。预计未来个人养老金及商业养老金业务将大幅提升居民对于养老保险的需求。同时,老龄化趋势下,健康保障需求持续提升。根据国际经验,居民对保险的需求将随着人口结构、经济发展和居民财富水平等因素变化而改变。当前居民对健康准备的认可度较高,有较强的保险意识和保障需求,商业健康保险市场份额有望进一步提升。预计未来"保单+服务"模式将成为保险业生命周期风险保障主流模式。健康管理服务水平将在很大程度上影响商业健康保险产品吸引力。

(三)保险业数字化转型深入发展

2022年发布的《保险业标准化"十四五"规划》《浙江银行业保险业数字化改革指导意见》等一系列文件明确了保险业数字化转型的目标和任务,为保险业数字化转型发展提供了坚实的政策支撑。当前浙江辖内各法人保险机构立足自身差异化优势,制定数字化改革战略规划,明确未来各阶段改革目标、任务清单、路线图、推进步骤,辖内各保险分支机构在总公司的统一部署下,推进数字化转型工作,数字化应用水平逐步提升。预计保险业将稳步向数字化转型发力,持续盘活数据生产要素,以数字化智能化为核心,渗透业务运营全流程,赋能客户经营全周期。在销售模式探索、风险精准防范、生态服务创新等维度深化数字技术应用,进一步改善客户的服务体验,探索保险服务数字化价值链重塑,以数字化转型寻求全新的盈利增长点。

（本报告由国家金融监督管理总局浙江监管局提供）

第六章　2022年度浙江省小额贷款公司行业发展与监管报告

2022年,在中国银保监会和浙江省政府的有力支持下,浙江省小额贷款行业聚焦服务浙江高质量发展建设共同富裕示范区等中心工作,践行普惠金融发展理念,在服务小微企业、"三农"中充分发挥融资畅通毛细血管作用。现将有关情况报告如下。

一、2022年度浙江小贷行业发展情况

浙江省小贷行业总体发展平稳,截至2022年12月末,全省共有小贷公司286家,注册资本总额484.54亿元,所有者权益总计530.08亿元;贷款余额521.99亿元,本年累计发放贷款1217.01亿元。行业发展呈现以下特点:

(一)普惠金融作用明显。全省小贷公司全年"支农支小"累放贷款996.22亿元,占全年累放贷款比重为81.86%,年末"支农支小"贷款余额405.48亿元,占全年贷款余额比重为77.68%,有效发挥了小贷普惠金融的作用。

(二)外部融资规模小。全省小贷公司年末外部融资余额48.12亿元,杠杆倍数仅为1.04。其中,年末银行融资余额11.26亿元,约为历史峰值规模的十五分之一。外部融资不足,制约行业扩大服务覆盖面。

(三)贷款质量有所下降。全省小贷公司年末不良贷款余额76.16亿元,年末不良率14.59%,原因是近年来经济下行导致客户资产恶化、贷款坏账

增加,以及小贷公司放贷意愿趋于保守、贷款规模收缩导致坏账占比增加。

（四）两极分化明显。小贷行业良莠不齐,近三分之一小贷公司不良率控制在2%以内,但少部分经营较差的小贷公司,业务处于停滞或半停滞状态。从头部企业的发展趋势看,小贷公司在补齐县域、小微企业、"三农"等金融服务短板,促进金融普惠方面仍大有可为。

二、浙江省小贷行业监管情况

2022年,浙江省深入贯彻全省地方金融组织高质量发展高水平服务大会精神,推动行业持续健康发展,鼓励守正创新,强化"支农支小",引导服务下沉,提供个性化、差异化金融服务,多措并举服务共同富裕示范区建设。

（一）做好监管评级和准入退出工作。开展监管评级,以监管评级为抓手,进一步修改完善监管评级指标体系,省、市、县三级对243家小贷公司进行评审,依据评级结果实施分类监管,强化行业管理,做到扶优限劣。加强设立变更退出审核,严格把好准入关口,新设机构3家、变更64起,引导8家非正常经营小贷退出行业。

（二）推进现场检查和非现场监管。按照《现场检查办法》,结合信访投诉和监管实际,选取20家小贷公司开展现场检查,以查促改,以查促管,强化违法违规惩处,提升监管威慑力,同时各地走访调研一批小贷公司,加强工作指导。加快推进地方金融组织非现场监管系统建设,已完成小贷行业功能开发和数据归集。

（三）持续推动行业创新发展。制定首个绿色小贷标准、建设首个绿色贷款系统、获得首笔全球气候伙伴基金绿色专项资金850万欧元。积极打通小贷公司抵（质）押业务线上办理路径,在试点地市建成办理系统并顺利上线使用,大幅提升小贷业务开展便利度,有力推动服务质效。围绕嘉兴市建设国家级科创金融改革试验区,研究支持设立科创小贷,积极推动投贷联动。促进人才小贷公司发展,专注服务科技人才创业。

（四）坚决筑牢行业风险防线。结合党的二十大召开和新冠疫情防控等工作,开展全省小贷行业安全生产风险隐患专项排查整治,重点检查安全制度、经营场所、消防安全、信息系统、重要时点、新冠疫情防控等六个方面安全生产风险隐患,不断夯实安全根基,为行业发展提供良好的生产环境。加强个案督办,对存在信访投诉、出现风险苗头的小贷机构,采取约谈、督办、现场检查等方式,有力处置,推动属地及时化解风险。

(五)不断夯实行业发展基础。自行组织或指导协会开展培训10余次,涵盖监管政策和行业规范发展等内容,进一步提升行业企业规范意识和监管意识。推动浙江省小额贷款公司协会与浙江工商大学签订战略合作协议,成立劳动教育实践基地,搭建高校与小额信贷行业的校企交流平台。

三、浙江小贷行业未来发展重点

小贷行业是传统金融机构的有益补充,具有人缘、地缘优势,能够在深化服务小微和"三农"方面发挥自身应有的作用。但是,由于其小、散、弱等特点,受宏观经济需求收缩、银行服务下沉影响而面临竞争挑战,对监管提出了更高要求。2023年,浙江省将围绕服务共同富裕、行业自身高质量发展,重点抓好以下工作。

(一)推动行业高质量发展。一是深化普惠金融作用,小贷行业年融资服务总额力争达到1200亿元,其中"支农支小"总额不低于70%,行业年平均融资利率保持平稳。二是推动供应链金融、科创金融服务创新。指导一批小贷公司开展供应链金融、投贷联动、创新人才融资服务,支持嘉兴探索设立科创小贷公司,助力科创金融试验区建设。三是持续推进行业减量提质,推动小贷行业不断完善法人治理、坚守主业、突出特色,促进行业整体持续向好发展。

(二)持续加强行业监管。一是加强准入把关,优选有实力、懂金融的市场主体进入行业,开展大股东、机构拟任主要负责人展业前谈话,强化合规意识。二是加大检查力度,定期开展现场走访,对信访投诉较多以及经营风险较大的机构,推动市县开展现场检查,加强对风险机构的警示和违规行为的惩处,进一步推动僵尸、空壳、失联企业退出。三是尽快补齐非现场监管短板,加快推动非现场监管系统使用,发挥作用。四是牢牢守住风险底线,坚决压实机构的主体责任、属地政府及部门的风险处置责任,持续做好重点机构的风险处置,确保风险可控。

　　(三)不断优化政策环境。拓展融资渠道,支持小贷公司法人股东探索在区域股权市场发行可转债用于小贷公司融资。鼓励加快不良资产处置,支持小贷公司探索在地方金融资产交易中心挂牌转让不良资产。强化数字赋能,推广抵质押业务线上办理。协调推动地方政府及财政等部门对小贷行业的支持,促进地方金融组织更好发挥普惠金融作用。

(本报告由浙江省地方金融监管局提供)

第七章　2022年度浙江省上市公司发展报告

一、上市公司数量概况

（一）上市公司数量稳步增长。截至2022年底，全国共有境内上市公司5073家，其中2022年新增524家。从浙江省来看，浙江省共有境内外上市公司825家，其中，境内上市公司达657家，境外上市公司171家。从境内外上市公司数量来看，2022年浙江省新增境内外上市公司79家（见图7-1）。

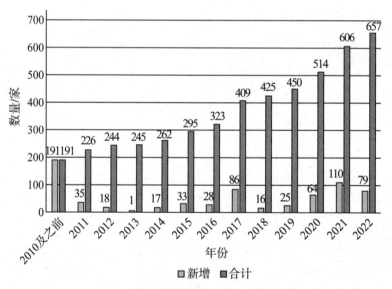

图7-1　浙江省IPO及上市公司数量变化

（二）浙江省上市公司数量全国排名第二位。按省份来看，浙江省境内上市公司占全国上市公司总数^①的12.93％,全国排名第二,仅次于广东省的835家。2022年浙江省首发新增上市公司55家,占全国新增的12.85％,较2021年的6.60％有所下滑,新增排名全国第三,次于广东省的78家和江苏省的70家。

(三)杭州市和宁波市上市公司数量入选全国城市前十。分城市来看,杭州市以216家的上市公司数量,列全国第四位,排名与去年一致,低于北京市、上海市和深圳市,宁波市以114家的上市公司数量排名第8位,较去年下滑一位。

(四)浙江省省内上市公司所在地市以杭州、宁波为主。省内地市方面,上市公司数量排名位次较2021年无变化,排名前三的城市分别为杭州市、宁波市和绍兴市,分别占浙江省上市公司总数的32.93％、17.38％和11.28％,合计占比达到61.59％。嘉兴市、温州市、衢州市占比有所提升。

(五)杭州市上市公司所在区县以滨江区和西湖区为主。杭州市内县区市上市公司数量主要分布在滨江区、西湖区、余杭区、上城区和萧山区,前五个县级市数量占比68.06％。

二、上市公司市值情况

(一)浙江省共有5个行业同比增长。2022年A股市场市值整体表现一般,浙江省31个申万行业中市值同比增长的仅有5个行业。分别是社会服务、建筑装饰、房地产、国防军工和美容护理行业。其中,社会服务行业同比增长19.93％,增速行业间排名第一。

总市值超过100亿元的163家上市公司分布在29个行业,其中医药生物行业22家,排名第一,电力设备行业19家,基础化工行业16家。

(二)海康威视总市值稳居浙江省第一位。海康威视以3270.64亿元的总市值稳居浙江省第一位,市值同比下滑33.04％;宁波银行总市值为2142.87亿元,浙江省市值排名第二位。总市值前十的上市公司中,增速排名第一的是华东医药,华东医药市值同比16.70％,其余9家上市公司市值均有所下滑(见表7-1)。

---

① AB股同时上市的,仅统计A股。

表7-1　2022年12月31日浙江省市值排名前10的上市公司

序号	证券代码	证券名称	申万行业	总市值/亿元	市值同比/%
1	002415.SZ	海康威视	计算机	3270.64	−33.04
2	002142.SZ	宁波银行	银行	2142.87	−15.23
3	002493.SZ	荣盛石化	石油石化	1245.44	−32.27
4	603260.SH	合盛硅业	基础化工	890.91	−37.15
5	603799.SH	华友钴业	有色金属	888.92	−34.01
6	603806.SH	福斯特	电力设备	884.68	−28.75
7	300347.SZ	泰格医药	医药生物	884.46	−16.35
8	603195.SH	公牛集团	轻工制造	861.10	−14.38
9	300316.SZ	晶盛机电	电力设备	831.82	−6.97
10	000963.SZ	华东医药	医药生物	820.87	16.70

三、上市地和板块分布

(一)浙江省深交所上市公司数量略多于上交所。截至2022年,浙江省共有境内上市公司657家,上市地点主要集中在深交所和上交所,657家上市公司中,共有329家选择在深交所上市,占比达50.15%,313家选择在上交所上市,占比47.71%。新增55家上市公司中有27家在深交所上市,占比49.09%,在上交所新增上市有17家,占比30.91%。

(二)上市板块以主板为主。浙江省657家上市公司中,共有444家公司选择在主板上市,占比67.53%,156家上市公司选择在创业板上市,占比23.78%,43家公司在科创板上市,14家公司选择在北交所上市。

(三)总市值占比以沪深为主。截至2022年底,浙江省在深交所上市的公司总市值为34920.950亿元,占省内上市公司总市值的48.73%,较去年小幅下滑0.9个百分点;浙江省313家上交所上市企业合计总市值为36640.09亿元,市值占比51.13%。从上市公司板块来看,444家主板上市公司以56686.08亿元的总市值占浙江省上市公司总市值的79.10%。

四、上市公司行业分布情况

（一）浙江省近一半上市公司集中在机械装备、基础化工、医药生物、汽车和电力设备行业。省内上市公司整体行业较广，657家上市公司分布在31个不同的行业①，从上市公司数量来看，排名前5的行业依次为机械设备、基础化工、医药生物、汽车和电力设备，前五大行业以传统实体经济为主，其上市公司数量占比达48.62％（见图7-2），较去年上升1.44个百分点。

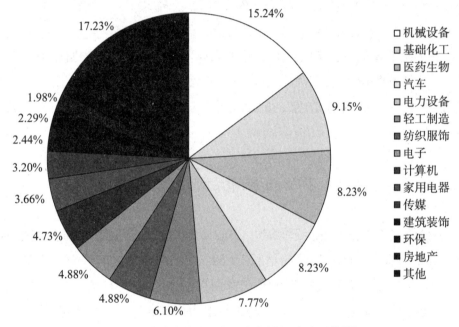

图7-2　省内上市公司行业分布（按上市公司数量）

（二）制造业上市公司占比高达77％。电力设备、医药生物、计算机、基础化工和机械设备合计市值占浙江省境内上市公司总市值的近50％，其中电力设备、机械设备等产业的上市公司总市值占比逐渐增加。

①　本报告所指行业均为申万一级行业。

五、上市公司控股情况

（一）浙江省上市公司以民营（个人）控股为主。浙江省控股股东以民营控股企业为主体，民营控股企业不管是在上市公司数量还是在营业收入等方面均占主导地位，657家上市公司中，共有557家属于民营控股企业，占比84.91%。

（二）浙江省民营上市公司市值占境内上市公司市值比例近80%。浙江省民营企业总市值达54777.94亿元，占浙江省境内上市公司总市值的76.44%；国有企业总市值为13015.79亿元，占比18.16%。

（三）浙江省民营上市公司营收占比超60%。从营收数据来看，557家民营企业实现营业收入29097.90亿元，民营控股企业占比60.63%，其中民营企业中外资控股的有18家；88家国有企业实现营业收入16677.92亿元，占比34.75%。

六、上市公司质量、创新发展情况

（一）研发费用投入持续增加。2022年度，浙江省上市公司共发生研发费用1232.56亿元，较去年同期增长13.51%。

1. 从行业分布来看，浙江省研发费用前三的行业为计算机、电力设备和医药生物行业，前三个行业研发费用占比为38.59%。与全国数据对比，全国研发行业前三的行业是建筑装饰、电子和电力设备行业，计算机和医药生物行业在全国分别排名第五和第六位。

2. 从个股来看，研发费用排名第一位的是海康威视，达98.14亿元，在全国排名第22位，全国研发费用排名第一的是中国建筑，投入研发费用497.53亿元，荣盛石化以43.67亿元排名浙江省第二位，大华股份以38.83亿元排名第三位。

（二）研发人员数量同比增速超过全国平均。截至2022年底，全国5073家上市公司中共有研发人员数量3241119人，较去年同期增长8.97%。浙江省层面来看，2022年底，浙江省共有研发人员298881人，较去年同期增长

8.40％,员工总数较去年增长5.39％,高于浙江省员工总数的增速,与全国研发人员增速基本相当,总体说明浙江省在研发产品方面正在积极地增加投入。

(三)专利发明数量大幅增加。2022年度全国共有专利数量合计261.21万件,数量较去年增长104.85％。其中,浙江省上市公司专利数量合计23.32万件,较去年增加88.06％,增速略低于全国整体水平。本章涉及的专利分为发明专利、实用新型专利、发明授权和外观设计专利。

(四)浙江省发明专利行业主要集中在机械设备、家用电器、电力设备、计算机、汽车行业。前5个行业合计专利数量占比达59.65％。其中家用电器行业的苏泊尔的专利发明数量稳居浙江省第一,发明专利数为15696件。

(本报告由浙江省地方金融监管局提供)

第八章　2022年度浙江省股权投资行业发展报告

一、2022年度浙江私募股权投资市场发展概况

(一)2022年度浙江地区股权投资政策环境分析

2022年,浙江省从金融赋能经济、科创金融示范区建设、产业结构设计等方面入手,出台了一系列有力的政策,以引导浙江股权投资市场健康发展。

金融赋能经济方面,2022年3月,中国人民银行、中国银行保险监督管理委员会、中国证券监督管理委员会、国家外汇管理局、浙江省人民政府共同出台了《关于金融支持浙江高质量发展建设共同富裕示范区的意见》(银发〔2022〕60号)(以下简称《意见》),进一步深化金融供给侧结构性改革,推动建立与浙江共同富裕示范区建设相适应的金融体制机制。《意见》首先提出要创新小微金融服务模式,深化农村金融改革,助力缩小收入差距,推动城乡区域协调发展。此外,《意见》还提出要优化金融资源配置,支持经济高质量发展,其中强调了要提升金融服务科技创新的能力,以及强化金融对先进制造业的支持,不仅要聚焦"互联网+"、生命健康、新材料三大科技创新高地建设,还要完善对战略性新兴产业、先进制造业和"专精特新"企业的金融服务。区域间的协同发展,有效扩大了浙江省"山区26县"等地区获得股权投资机构资金注入的机会;同时,对三大科创高地的进一步深化建设,对股权投资机构释放出了积极信号,有效引导了资本资金的投入方向。

科创金融示范区建设方面,2022年11月,《上海市、南京市、杭州市、合肥市、嘉兴市建设科创金融改革试验区总体方案》(以下简称《方案》)发布,提出通过5年左右时间,将上海市、南京市、杭州市、合肥市、嘉兴市科创金融改革试验区打造成为科创金融合作示范区、产品业务创新集聚区、改革政策先行先试区、金融生态建设样板区、产城深度融合领先区。其中,《方案》提出推动杭州市建设国内现代科创金融体系的实践窗口和金融服务科技创新发展的示范基地,带动嘉兴市争创长三角科技成果转化高地和科创金融一体化服务基地。同时,《方案》鼓励试验区内地方法人金融机构重点支持科创企业,支持境内外科技保险公司在试验区内建立总部研发和创新中心。随着《方案》的深入实施,杭州市、嘉兴市区域内的原始创新、技术创新、产业创新将会进一步发展,成为股权投资机构的关注焦点。

产业结构设计方面,2022年,浙江省先后出台了《浙江省高质量推进数字经济发展2022年工作要点》《促进生物医药产业高质量发展行动方案(2022—2024年)》《关于推动创新链产业链融合发展的若干意见》《浙江省元宇宙产业发展行动计划(2023—2025年)》等一系列政策文件,抢抓新一轮科技革命和产业变革机遇,围绕"415"产业集群重点产业链、数字经济、生物医药等战略性新兴产业,聚焦产业共性关键技术和重大科技项目,强调要提升关键核心技术攻坚能力,深化财政资金帮扶作用,强化对产业资本的资金投入引导。科技创新产业新生态的打造,将进一步增强企业的创新动力,推动产业链融合发展,帮助科创领域的企业拓宽融资渠道。

(二)浙江股权投资业发展特点

1. 国资背景基金数量大幅提升,募资规模迅速超过非国资背景基金

2022年,浙江省投资机构(含早期投资机构、创业投资机构、私募股权投资机构)共新募基金600只,募资总规模为914.82亿元。其中,国资背景基金共203只,是2021年的22.56倍,占全部新募基金数量的33.83%,占比较2021年增长32.23个百分点;国资背景基金该年度募资规模共551.41亿元,是2021年的36.70倍,占全部基金募资规模的60.27%,占比较2021年增长58.75个百分点。可以看出,2022年浙江省投资机构新募的国资背景基金呈现出超乎寻常的发展速度,不仅新募基金数量和募资规模均出现爆发

式增长，单只基金平均募资规模也有大幅提升，为2.72亿元，较2021年增长62.71%，是非国资背景基金的2.97倍（见表8-1）。

表8-1　2022年浙江省新募国资背景基金与非国资背景基金对比情况

基金是否国资背景	募资基金数量/只		募资规模/亿元	
	2022年	2021年	2022年	2021年
非国资背景基金	397	553	363.41	973.31
国资背景基金	203	9	551.41	15.02
合计	600	562	914.82	988.33

数据来源：清科创业（01945.HK）旗下清科研究中心。

当前，市场资金端承压较大，伴随行业合规性要求的提升以及市场LP（有限合伙人）差异化诉求的增加，机构募资面临的要求逐渐升级。在此背景下，国资基金在撬动社会资本、放大国有资本功能、分散投资风险、推动产业升级等方面的独特优势逐步凸显。浙江省作为我国经济大省，在探索国资基金助力区域经济发展的道路上踏出了坚实的步伐。浙江营商环境优越，且具有深厚的民营经济基础，实力雄厚的LP众多，2022年浙江省国资背景机构与活跃的产业资本通力合作，设立科创基金、产业基金等，为浙江省募资市场的发展注入了新动能、新活力。

2. 集成电路产业成"后起之秀"，信息技术、生物医药产业优势依旧

近年来，集成电路产业逐渐成为浙江省发展的"主攻产业链"之一。2022年，《浙江省高质量推进数字经济发展2022年工作要点》提出要开展"芯机联动"对接，推进集成电路公共创新和服务平台建设，力争完成集成电路投资350亿元以上，实现集成电路及相关产业营收1800亿元。同年，浙江省《新时期促进浙江省集成电路产业和软件产业高质量发展的若干政策》强调要对集成电路和软件产业加强产业基金支持、财政金融信贷支持、融资担保服务等金融服务。浙江省对集成电路产业的高度重视和产业帮扶，带动了集成电路产业2022年的投资表现。2022年，浙江省半导体及电子设备行业共获得投资232起，为2021年的1.51倍，位居全行业第二位；投资规模113.41亿元，跻身全行业第三位，为2021年的1.01倍。

此外，信息技术、生物医药产业是浙江省发展的"重中之重"，两个产业

在2022年的投资市场上一如既往地交出了亮眼的答卷。软件和信息服务业方面,当前新一轮科技革命方兴未艾,浙江省也积极布局产业生态,产业总量规模稳居全国第一梯队。"十三五"期间,浙江省软件和信息服务业持续快速增长,截至2022年底,全省软件产业实现业务收入7035.1亿元,同比增长15.4%,增速高于全国平均2.1个百分点,领跑东部各省份,产业规模稳居全国第四[①]。2022年,浙江省IT(信息通信技术)行业共获得投资281起,投资规模173.71亿元,均居全行业首位。生物医药产业方面,浙江省将生物医药产业作为支柱性的"三大科创高地"之一,高度重视其发展。近几年来,先后发布《浙江省生物经济发展行动计划(2019—2022年)》《关于推动浙江省医药产业高质量发展的若干意见》《促进生物医药产业高质量发展行动方案(2022—2024年)》等相关政策文件,强化对生物医药产业的顶层设计和发展引导。2022年,浙江省生物技术/医疗健康行业共获得228起投资,投资金额合计133.01亿元,稳居全行业前三。

3. IPO退出热度稍有退减,股权投资机构积极寻求其他退出渠道

2022年,浙江省发生的443起退出案例中,IPO退出的案例数为273起,占比61.63%,仍占主导地位,但退出案例数较2021年下滑9.00%,占比较2021年也下降了7.98个百分点。与此同时,股权转让退出、回购退出的数量则有所增长,分别为101起和46起,较2021年增幅分别为18.82%和91.67%,占比分别为22.80%和10.38%,占比较2021年分别增长3.08个百分点和4.81个百分点。

2022年,受环球金融市场震荡的影响,二级市场整体表现不佳,不仅浙江省企业上市活动受到明显冲击,上市不确定性持续增强,IPO项目的溢价也持续降低,股权投资机构在IPO退出项目中获取的收益水平呈现出较大的不稳定性。因此,股权投资机构开始考虑通过股权转让、回购等退出方式获取现金收益,带动了IPO退出以外的退出方式热度提升。在股权投资机构对浙江省被投企业的退出活动中,杭州市和宁波市的股权转让退出交易显著高于其他城市,分别为60起和23起,累计占股权转让退出总交易数的82.19%;回购退出方面则是杭州市"一枝独秀",共发生28起回购退出,占回购退出总交易数的60.87%。

---

① 数据来源:《浙江省软件和信息服务业发展"十四五"规划》。

二、2022年度浙江省股权投资市场发展分析

(一)2022年度浙江股权投资机构现状概述

自2018年中国证券投资基金业协会(以下简称中基协)登记的股权投资基金管理人开始注销以来,注销机构数量逐年递增,2022年全国注销股权投资基金管理人数量已经超过全年新增登记数量,浙江省同样呈现出此特征。根据披露数据统计,截至2022年12月31日,浙江省在中基协备案的私募股权、创业投资基金管理人共有1707家,较2021年下降6.21%;管理基金产品则逆势增长,达6123只,较2021年增长10.88%;管理基金规模突破万亿,达10395.54亿元,较2021年增长7.97%。从各地市的情况来看,杭州市、宁波市金融聚集效应显著,吸引了大批私募股权、创业投资基金管理人落地运营,两市私募股权、创业投资基金管理人数量分别是854家和532家,合计占浙江省总数的81.20%,占比较2021年增长0.1个百分点;两市的私募股权、创业投资基金管理人管理的基金产品数量分别为3293只和1869只,合计占浙江省基金产品总数的84.31%,占比较2021年增长1.26个百分点;基金产品规模分别为5082.02亿元和4136.43亿元,累计占浙江省基金产品总规模的88.68%,占比较2021年增长0.77个百分点。此外,与2021年相同,嘉兴市的私募股权、创业投资基金管理人数量(161家)、基金产品数量(500只)、基金产品规模(641.78亿元)依旧在浙江全省中排名第三位,表现较为突出(见表8-2)。

从管理基金的规模来看,浙江省(除宁波市)管理基金规模突破10亿元的基金管理人共计133家,较2021年增加8家;其中,杭州市和嘉兴市的数量相对较多,分别为99家和18家,占比分别为74.44%和13.53%,杭州市管理人数量较2021年增加7家。浙江省(除宁波市)管理基金规模50亿元以上的基金管理人合计20家,其中杭州市共有17家(见表8-3),大规模的管理人高度聚集在杭州市;此外,浙江省(除宁波市)管理基金规模50亿元以上的基金管理人较2021年增加4家,其中有3家位于杭州市。

表8-2　浙江省私募股权、创投备案基金地市分布情况

地市	私募股权、创投基金管理人登记数量/家	基金产品数量/只	总规模/亿元
杭州市	854	3293	5082.02
宁波市	532	1869	4136.43
嘉兴市	161	500	641.78
湖州市	50	133	144.16
绍兴市	32	88	96.52
温州市	23	84	29.30
金华市	20	97	164.27
台州市	16	26	46.13
丽水市	8	14	25.98
舟山市	7	8	7.73
衢州市	4	11	21.24
合计	1707	6123	10395.54

数据来源：浙江省股权投资行业协会根据中国证券投资基金业协会披露数据整理。

表8-3　浙江省私募股权、创投备案基金规模地市分布情况

地市	管理基金规模	
	10亿元以上机构数量/家	50亿元以上机构数量/家
杭州市	99	17
嘉兴市	18	2
湖州市	5	0
绍兴市	3	0
温州市	0	0
金华市	5	1
台州市	1	0
丽水市	1	0
舟山市	0	0
衢州市	1	0
合计	133	20

数据来源：浙江省股权投资行业协会根据中国证券投资基金业协会披露数据整理。

(二)2022年度浙江早期投资发展分析

1. 2022年浙江早期投资募资分析

(1)浙江早期投资机构募资总量分析

2022年,我国早期投资机构新募基金数量及募集规模较2021年均出现下滑,全年共新募基金135只,较2021年下降9.40%,募资金额251.79亿元,较2021年下降8.07%。从各省份的募资情况来看,2022年,北京市、上海市、广东省的早期投资机构新募基金数量位居前三,其中北京市、上海市在募资规模方面表现同样亮眼,全年募资金额大幅领先其他省份,北京市成为唯一一个募资规模突破百亿元的省份;此外,受2022年度大额募资基金的影响,陕西省募资规模也跻身前三,募资规模超过20亿元,是第四名广东省的1.30倍。

2022年,与全国早期投资机构的表现一致,浙江省早期投资机构的新募基金数量及募资规模出现缩减(见表8-4)。募集数量方面,浙江省早期投资机构全年新募基金9只,相比2021年减少7只;排名位居全国第五位,相比2021年下降1个位次,占全国早期投资机构新募基金总数的比重为6.67%,相比2021年下降了4.07个百分点;较第六名江苏省(6只)多3只。募资金额方面,9只新募资的基金均披露了募资金额,全年募资规模为9.23亿元,较2021年下降17.25%;排名全国第五位,相比2021年下降1个位次;占全国早期投资机构募资规模的比重为3.67%,相比2021年下降了0.41个百分点;高于第六名江苏省,是江苏省(4.00亿元)的2.31倍。平均新增资本量方面,浙江省早期投资机构新募基金本年的平均新增资本量为1.03亿元,较2021年提升47.11%,在全国主要省份中位居第四,排名相比2021年上升了3个位次,是第五名广东省的1.13倍,是第七名江苏省的1.54倍;这主要是由于2022年浙江省有3只募集规模突破亿级的基金,募资规模合计超7亿元,占2022年浙江省早期投资机构募资总额的比重超过七成,拉高了新募基金的平均新增资本量。

表8-4　2022年浙江早期投资机构募集总量与国内其他省份比较

省份	新募资基金数（总数）/只	总数占比/%	新募资基金数（披露金额）/只	募资金额/百万元	金额占比/%	平均新增资本量/百万元
北京市	42	31.11	42	11473.68	45.57	273.18
上海市	31	22.96	31	7289.53	28.95	235.15
广东省	21	15.56	19	1724.03	6.85	90.74
陕西省	13	9.63	13	2245.16	8.92	172.70
浙江省	9	6.67	9	923.31	3.67	102.59
江苏省	6	4.44	6	400.00	1.59	66.67
天津市	5	3.70	5	217.71	0.86	43.54
山东省	2	1.48	2	180.00	0.71	90.00
其他	6	4.44	6	725.18	2.88	120.86
合计	135	100.00	133	25178.60	100.00	189.31

数据来源：清科创业（01945.HK）旗下清科研究中心。

（2）浙江早期投资机构募资币种分析

从募集币种来看，2022年浙江早期投资机构有9只基金完成募集，均为人民币基金。

（3）浙江早期投资机构募资总量地市分布分析

从募集地市来看，2022年浙江早期投资机构有9只基金完成募集，均为杭州市的早期投资机构。

2. 2022年浙江早期投资规模分析

（1）早期投资机构投资浙江企业情况分析

2022年，我国早期投资机构的投资节奏趋缓，全年投资案例1277起，较2021年下降31.23%；投资总额148.86亿元，较2021年下降35.13%。从主要省份的对比情况来看，广东省、北京市、上海市在投资活跃度及投资体量方面均体现出显著优势，三者投资案例数合计709起，投资规模合计80.69亿元，占全国早期投资机构的比重分别为55.52%和54.21%。

2022年，浙江省企业的早期投资机构的投资表现有所下滑（见表8-5）。投资案例数方面，浙江省企业全年发生早期投资155起，较2021年下滑23.65%；仍位居全国第四位，占全国投资案例总数比重为12.14%，相比2021年上升1.21个百分点。投资金额方面，上述155起投资案例中，披露投资金额的有146起,全年披露投资规模16.01亿元,较2021年下滑29.73%;位居全国第五位,相比去年同期下降一个位次,占全国投资规模比重为10.76%,相比2021年上升0.83个百分点。从与江苏省的对比情况来看,2022年,浙江省企业的投资案例数略高于江苏省,是后者的1.05倍;投资规模则被江苏省反超,约达江苏省投资规模(20.75亿元)的八成,这主要是由于江苏省的无锡锡产微芯半导体有限公司在2022年获得50.00亿元B轮投资,其中早期投资机构参投金额为3.00亿元,大额投资案例拉高了江苏省的投资金额。相比之下,浙江省2022年则未有2亿元以上的早期投资案例发生,投资规模较小。

表8-5 2022年早期投资机构投资浙江企业总量与国内其他省份比较

省份	投资案例数 (总数)/起	总数占 比/%	投资案例数 (披露金额)/起	投资金额/百万元	金额占 比/%
广东省	265	20.75	240	2661.67	17.88
北京市	243	19.03	228	2998.22	20.14
上海市	201	15.74	187	2409.61	16.19
浙江省	155	12.14	146	1601.07	10.76
江苏省	147	11.51	132	2075.02	13.94
安徽省	59	4.62	57	926.89	6.23
四川省	35	2.74	32	286.95	1.93
山东省	26	2.04	25	409.42	2.75
陕西省	24	1.88	21	476.40	3.20
天津市	19	1.49	18	236.67	1.59
其他	103	8.07	90	804.56	5.40
合计	1277	100.00	1176	14886.48	100.00

数据来源:清科创业(01945.HK)旗下清科研究中心。

(2)早期投资机构投资浙江企业情况行业分布分析

从2022年早期投资机构投资浙江企业的情况来看,受行业和技术更迭大背景的影响,IT、生物技术/医疗健康、半导体及电子设备等科创领域受到了早期投资机构更多的关注(见表8-6)。

投资案例数方面,2022年IT、生物技术/医疗健康、半导体及电子设备行业的投资热度最高,投资案例数量分别为48起、25起和24起,占比分别为30.97％、16.13％和15.48％,累计占比超六成。投资规模方面,IT、生物技术/医疗健康、半导体及电子设备行业位居前三,投资金额分别为4.61亿元、2.47亿元和2.29亿元,占比分别为28.77％、15.40％和14.32％,累计占比近六成。平均投资规模方面,娱乐传媒行业以0.64亿元高居各行业之首,是第二名食品&饮料行业(0.19亿元)的3.38倍,主要是由于娱乐传媒行业的企业满座(杭州)影视产业互联网有限公司2022年度获得2500万美元天使轮投资,其中早期投资机构参投金额达1.75亿元,大额投资案例拉高了娱乐传媒行业的平均投资规模。值得注意的是,2022年早期投资机构投向浙江省互联网行业的投资数量及规模均有所下降,投资案例数由2021年的33起下降至2022年的14起,位次由2021年的行业第二位下降至2022年的第四位;投资规模由2021年的3.35亿元下降至2022年的0.93亿元,位次由2021年的行业第三位下降至2022年的第七位。

表8-6　2022年早期投资机构投资浙江企业行业分布

行业	投资案例数(总数)/起	总数占比/％	投资案例数(披露金额)/起	投资金额/百万元	金额占比/％
IT	48	30.97	47	460.69	28.77
生物技术/医疗健康	25	16.13	23	246.55	15.40
半导体及电子设备	24	15.48	21	229.30	14.32
互联网	14	9.03	12	93.12	5.82
机械制造	12	7.74	12	113.00	7.06
化工原料及加工	11	7.10	11	100.23	6.26
食品&饮料	4	2.58	4	75.93	4.74
清洁技术	4	2.58	4	20.50	1.28
连锁及零售	3	1.94	3	32.43	2.03
娱乐传媒	3	1.94	3	192.53	12.02
建筑/工程	1	0.65	1	0.75	0.05
农/林/牧/渔	1	0.65	1	2.00	0.12
纺织及服装	1	0.65	1	10.00	0.62
其他	1	0.65	1	18.05	1.13
汽车	1	0.65	1	1.00	0.06
教育与培训	1	0.65	0	0.00	0.00
金融	1	0.65	1	5.00	0.31
合计	155	100.00	146	1601.07	100.00

数据来源:清科研究中心,2022年4月。

（3）早期投资机构投资浙江企业投资轮次分布分析

从轮次分布来看，尽管早期投资机构的投资热度有所下降，但其投向浙江省企业的轮次集中度仍较高，B轮及以前的早期轮次的投资表现十分亮眼，早期投资机构投早、投小的意向进一步凸显（见表8-7）。

投资案例数方面，天使轮、Pre-A轮、A轮、B轮的投资案例数较高，分别为81起、28起、21起和15起，累计占比93.55%；其中，天使轮2022年度的投资案例数占比高达52.26%，相比2021年进一步上升11.86个百分点。投资规模方面，投资规模超过1亿元的轮次有天使轮、A轮、Pre-A轮、B轮，投资金额分别为8.21亿元、2.26亿元、2.25亿元和1.96亿元，累计占比91.71%；其中，天使轮的投资规模占比较上一年呈现大幅提升，由2021年的24.70%上升至2022年的51.28%，主要是由于2022年浙江省早期投资案例中，投资规模在2千万元及以上的共有16起，其中天使轮(6起)占比近四成，较高的投资案例总数及较多的大额投资案例共同拉高了天使轮2022年的投资规模。

表8-7　2022年早期投资机构投资浙江企业轮次分布

轮次	投资案例数（总数）/起	总数占比/%	投资案例数（披露金额）/起	投资金额/百万元	金额占比/%
天使轮	81	52.26	76	820.95	51.28
Pre-A	28	18.06	27	225.32	14.07
A	21	13.55	20	226.16	14.13
B	15	9.68	15	195.94	12.24
C	4	2.58	3	47.00	2.94
D	2	1.29	1	7.12	0.44
E及E轮之后	1	0.65	1	10.00	0.62
老股权转让	1	0.65	1	7.05	0.44
新三板定增	1	0.65	1	4.00	0.25
战略投资	1	0.65	1	57.53	3.59
合计	155	100.00	146	1601.07	100.00

数据来源：清科创业(01945.HK)旗下清科研究中心。

3. 2022年浙江早期投资退出概况

(1)浙江早期投资机构退出总量分析

2022年,全国早期投资机构退出案例数为210起,较2021年下降23.91％。从各省份的对比情况来看,北京市、浙江省的退出表现最为突出,分别为51起和49起,大幅领先其他省份。此外,上海市、广东省、江苏省的退出案例数也均超过20起,分别为26起、25起和21起。

2022年浙江省早期投资退出案例数为49起,较2021年增长96.00％;在全国主要省份中排名第二位,较2021年上升2个位次,占比23.33％,相比2021年增长14.28个百分点;是第五名江苏省(21起)的2.33倍(见表8-8)。可以看出,2022年浙江省早期投资机构退出数量显著增长,跃居全国第二,显著高于北京市以外的省份。

表8-8　2022年早期投资机构退出浙江被投企业总量与国内其他省份比较

省份	退出案例数/起	比例/％
北京市	51	24.29
浙江省	49	23.33
上海市	26	12.38
广东省	25	11.90
江苏省	21	10.00
安徽省	11	5.24
陕西省	10	4.76
四川省	9	4.29
天津市	3	1.43
福建省	2	0.95
其他	3	1.43
合计	210	100.00

数据来源:清科创业(01945.HK)旗下清科研究中心。

(2)浙江早期投资退出方式分析

2022年,浙江省早期投资机构的退出方式仍以股权转让为主,49起退出案例中,股权转让退出有37起,较2021年增长94.74％,占全部退出案例数比重为75.51％(见表8-9),占比与2021年相比基本持平。

表8-9　2022年早期投资机构退出浙江被投企业按退出方式分布

退出方式	退出案例数/起	比例/%
股权转让	37	75.51
IPO	6	12.24
并购	3	6.12
回购	3	6.12
合计	49	100.00

数据来源：清科创业(01945.HK)旗下清科研究中心。

（3）浙江早期投资退出行业分布分析

从退出行业来看，2022年浙江省早期投资机构退出交易更青睐于IT、互联网和半导体及电子设备等硬科技领域。具体来看，2022年浙江省早期投资机构退出行业的案例数分布整体较均匀，除IT、互联网、半导体及电子设备、生物技术/医疗健康行业外，其余行业的退出案例数均分布在1起至3起的区间内。IT、互联网、半导体及电子设备、生物技术/医疗健康行业的退出案例数分别为13起、8起、7起和4起，占比分别为26.53%、16.33%、14.29%和8.16%，累计占比超六成（见表8-10）。

表8-10　2022年早期投资机构退出浙江被投企业按行业分布

行业	退出案例数/起	比例/%
IT	13	26.53
互联网	8	16.33
半导体及电子设备	7	14.29
生物技术/医疗健康	4	8.16
化工原料及加工	3	6.12
电信及增值业务	3	6.12
机械制造	3	6.12
娱乐传媒	2	4.08
其他	2	4.08
物流	1	2.04
汽车	1	2.04
清洁技术	1	2.04
农/林/牧/渔	1	2.04
合计	49	100.00

数据来源：清科研究中心，2022年4月。

（三）2022年度浙江创业投资（VC）发展分析

1. 2022年浙江创业投资募集分析

（1）浙江创业投资机构募资总量分析

2022年，在我国早期投资机构、创业投资机构、私募股权投资机构三类机构中，仅有创业投资机构的新募基金数量相比2021年出现增长，全年新募基金数量为1835只，较2021年增长9.95％；募资金额则有小幅度下降，为5235.94亿元，较2021年小幅下降2.07％。从各省份的对比情况来看，广东省的创业投资机构新募基金数量（428只）位居第一，为该年度唯一一个新募基金数量突破400只的省份，北京市、上海市也表现突出，新募基金数量均突破300只，其他省份新募基金数量均未超过200只；募资金额方面则是北京市脱颖而出，全年募资金额（1868.61亿元）接近2000亿元，是第二名上海市（1077.30亿元）的1.73倍。

2022年浙江省创业投资机构在募资市场上的表现与2021年大致相当，全年新募基金数量及募资金额均位居全国第五（见表8-11）。具体来看，募集数量方面，2022年浙江省创业投资机构共新募基金162只，较2021年增长23.66％；占全国创业投资机构新募基金数量的8.83％，占比较2021年小幅增长0.98个百分点。募资金额方面，浙江省创业投资机构2022年度募资规模合计254.19亿元，较2021年增长9.70％；占全国创业投资机构募资总额的4.85％，占比较2021年增长0.52个百分点。平均新增资本量方面，在全国主要省份中，浙江省创业投资机构的平均新增资本量（1.57亿元）排名靠后，仅高于陕西省和广东省。从与江苏省的对比情况来看，2022年浙江省创业投资机构的新募基金数量略低于江苏省，为江苏省（197只）的82.23％；但募资金额仅为江苏省（447.52亿元）的56.80％；平均新增资本量也仅为江苏省（2.27亿元）的不到七成。就浙江省和江苏省基金募资规模而言，浙江省单只基金募资规模在1亿元至10亿元的基金有54只，募资规模仅为134.35亿元，江苏省单只基金募资规模在1亿元至10亿元间的基金共88只，募资规模则达224.49亿元，后者规模为前者的1.67倍；此外，浙江省单只基金募资规模在10亿元及以上的基金仅有6只，募资规模合计83.78亿元，江苏省募资规模在10亿元及以上的基金则有13只，募资规模合计

184.48亿元,后者规模为前者的2.20倍。可以看出,浙江省与江苏省的新募基金数量差距并不大,但募资金额有一定差距,主要是由于在两省创业投资机构2022年的募资活动中,浙江省大额募资规模的基金数量小于江苏省。

表8-11   2022年浙江VC机构募集总量与国内其他省份比较

省份	新募资基金数 (总数)/只	总数占 比/%	新募资基金数 (披露金额)/只	募资金额 /百万元	金额占 比/%	平均新增资本量 /百万元
广东省	428	23.32	428	67105.64	12.82	156.79
北京市	372	20.27	371	186860.83	35.69	503.67
上海市	360	19.62	359	107730.44	20.58	300.08
江苏省	197	10.74	197	44752.28	8.55	227.17
浙江省	162	8.83	162	25418.75	4.85	156.91
山东省	59	3.22	59	10957.49	2.09	185.72
陕西省	33	1.80	33	4110.45	0.79	124.56
福建省	32	1.74	32	10200.10	1.95	318.75
安徽省	32	1.74	32	12495.04	2.39	390.47
四川省	29	1.58	29	5865.20	1.12	202.25
其他	131	7.14	131	48097.58	9.19	367.16
合计	1835	100.00	1833	523593.80	100.00	285.65

数据来源:清科创业(01945.HK)旗下清科研究中心。

(2)浙江创业投资机构募资币种分布分析

募集数量方面,2022年,浙江省创业投资机构共有162只新募基金,其中人民币基金有160只,占比高达98.77%,美元基金仅2只,占比1.23%;募资金额方面,人民币基金的募资规模为220.42亿元,占比86.71%,美元基金募资规模为33.77亿元,占比13.29%。可以看出,人民币基金在浙江省创业投资机构的募资活动中占绝对优势地位,但美元基金的平均新增资本量远高于人民币基金,为人民币基金的12.26倍(见表8-12)。

表8-12   2022年浙江VC机构募集总量按币种分布情况

币种	新募资基金数 (总数)/只	总数占 比/%	新募资基金数 (披露金额)/只	募资金额 /百万元	金额占 比/%	平均新增资本量 /百万元
人民币	160	98.77	160	22041.75	86.71	137.76
美元	2	1.23	2	3377.01	13.29	1688.50
合计	162	100.00	162	25418.75	100.00	156.91

数据来源:清科创业(01945.HK)旗下清科研究中心。

（3）浙江创业投资机构募资总量地市分布分析

杭州市在浙江省创业投资机构2022年的募资活动中"一马当先"，全年新募基金127只，募资规模175.98亿元，占全省总量的比重分别为78.40%和69.23%。宁波市紧随其后，全年新募基金26只，占全省创业投资机构新募基金数量的16.05%；募资规模56.01亿元，占全省比重为22.03%（见表8-13）。此外，2021年浙江省创业投资机构募资活动仅涉及杭州、宁波、湖州、嘉兴四个地市，2022年则新增涉及金华市，全市全年新募基金3只，募资金额3.12亿元。值得注意的是，湖州市本年度的平均新增资本量显著高于其他地市，达3.45亿元，为第二名嘉兴市（2.64亿元）的1.31倍，主要是由于湖州市的创业投资机构德清朴道投资管理合伙企业（有限合伙）旗下的基金宁波梅山保税港区联珺股权投资合伙企业（有限合伙）2022年募资10.01亿元，大幅拉高了湖州市2022年的平均新增资本量。可以看出，杭州市、宁波市仍为浙江省创业投资机构表现最佳的两个地市，个别地市受大额募资案例影响，平均新增资本量表现突出。

表8-13 2022年浙江VC机构募资总量地市分布情况

地市	新募资基金数（总数）/只	总数占比/%	新募资基金数（披露金额）/只	募资金额/百万元	金额占比/%	平均新增资本量/百万元
杭州市	127	78.40	127	17597.82	69.23	138.57
宁波市	26	16.05	26	5600.92	22.03	215.42
湖州市	4	2.47	4	1381.00	5.43	345.25
金华市	3	1.85	3	312.01	1.23	104.00
嘉兴市	2	1.23	2	527.00	2.07	263.50
合计	162	100.00	162	25418.75	100.00	156.91

数据来源：清科创业（01945.HK）旗下清科研究中心。

2. 2022年浙江创业投资规模分析

（1）创业投资机构投资浙江企业情况分析

2022年，我国创业投资机构投资节奏趋缓，投资活跃度及投资规模均出现明显下滑；全年共发生投资事件4515起，较2021年下滑13.31%；投资规模2486.73亿元，较2021年下滑32.99%。从各省份企业获得创业投资机构的投资情况来看，投资案例数方面，广东省位居第一，共获投928起；江苏省反超上海市、北京市,跻身第二,获投825起;上海市排名第三,全年获投706起。投资金额方面,广东省、上海市、江苏省也名列前三,全年投资规模分别为521.36亿元、439.64亿元和361.57亿元。北京市2022年度投资案例数及投资规模双双滑落至第四位,分别为686起和357.54亿元。

2022年,全国创业投资机构对浙江省企业共投资474起,较2021年下降14.59%,占全国投资案例总数的10.50%,占比与2021年基本持平;474起投资案例中,披露交易金额的共431起,投资规模合计215.13亿元,较2021年下滑36.07%,占全国投资总额的8.65%,占比较2021年下降0.42个百分点;交易案例数与交易规模的排名均与2021年相当,均全国排名第五(见表8-14)。从与江苏省的对比情况来看,浙江省企业的投资案例数仅为江苏省(825起)的57.45%,投资规模则为江苏省(361.57亿元)的59.50%,差距相比2021年进一步拉大(2021年浙江省企业投资案例数、投资规模分别为江苏省水平的70.70%和62.32%)。这主要是由于2022年浙江省的半导体及电子设备行业、生物技术/医疗健康行业的投资活跃度及投资规模大幅落后于江苏省,两个行业全年投资数量202起,投资规模合计98.56亿元,分别是江苏省(投资数量482起,投资规模253.44亿元)的41.91%和38.89%。

表8-14　2022年VC机构投资浙江企业总量与国内其他省份比较

省份	投资案例数(总数)/起	总数占比/%	投资案例数(披露金额)/起	投资金额/百万元	金额占比/%
广东省	928	20.55	878	52135.84	20.97
江苏省	825	18.27	763	36157.33	14.54
上海市	706	15.64	662	43964.38	17.68
北京市	686	15.19	656	35753.74	14.38
浙江省	474	10.50	431	21513.14	8.65
四川省	132	2.92	127	5287.53	2.13
山东省	130	2.88	122	7262.93	2.92
安徽省	121	2.68	103	6994.53	2.81
湖北省	93	2.06	88	6794.18	2.73
福建省	66	1.46	66	8329.19	3.35
其他	354	7.84	325	24480.49	9.84
合计	4515	100.00	4221	248673.28	100.00

数据来源:清科创业(01945.HK)旗下清科研究中心。

(2)创业投资机构投资浙江企业行业分布分析

2022年,科创领域投资已成为创业投资机构投资的主旋律。从创业投资机构投资浙江省企业的情况来看,IT、半导体及电子设备、生物技术/医疗健康成为毋庸置疑的焦点行业,三者获投数量分别为128起、101起和101起(见表8-15),累计占浙江全省投资总案例数的69.62%,占比较2021年上升6.56个百分点;投资规模分别为50.14亿元、57.72亿元和40.85亿元,累计占浙江全省投资总额的69.12%,占比较2021年上升8.05个百分点。值得注意的是,在上述三个行业中,IT、生物技术/医疗健康行业的投资活跃度及投资规模较2021年均出现下滑,半导体及电子设备行业则出现逆势增长,全年投资案例数较2021年增长32.89%,投资规模较2021年增长30.41%,占全省比重实现三年连续增长,投资案例数由2020年的8.56%增长至2022年的21.31%,投资规模由2020年的8.31%增长至2022年的26.83%;投资规模表现尤其突出,排名由2021年的全行业第三名跃居至第一名。得益于国产替代与自主研发加速、行业政策红利及产品多元化应用,全国范围内均掀起了集成电路产业的发展热潮,浙江省也紧跟发展步伐,在以杭州、宁波为引领,嘉兴、绍兴和丽水等地协同发展的"两极多点"的产业发展格局下,浙江省集成电路产业规模不断扩大,产业生态体系不断完善,投资热度不断攀升,成为创业投资机构在浙江省投资的热点行业。

表8-15 2022年VC机构投资浙江企业行业分布

行业	投资案例数(总数)/起	总数占比/%	投资案例数(披露金额)/起	投资金额/百万元	金额占比/%
IT	128	27.00	116	5013.82	23.31
半导体及电子设备	101	21.31	89	5771.66	26.83
生物技术/医疗健康	101	21.31	92	4084.78	18.99
机械制造	33	6.96	31	1149.26	5.34
互联网	22	4.64	19	728.51	3.39
清洁技术	20	4.22	19	1644.48	7.64
化工原料及加工	20	4.22	18	1087.44	5.05
连锁及零售	11	2.32	11	582.32	2.71
食品&饮料	9	1.90	9	31.43	0.15
汽车	9	1.90	8	634.39	2.95

续表

行业	投资案例数（总数）/起	总数占比/%	投资案例数（披露金额）/起	投资金额/百万元	金额占比/%
能源及矿产	4	0.84	4	163.40	0.76
其他	4	0.84	4	386.81	1.80
金融	4	0.84	4	78.21	0.36
娱乐传媒	2	0.42	2	31.00	0.14
电信及增值业务	2	0.42	2	44.43	0.21
纺织及服装	1	0.21	0	0.00	0.00
物流	1	0.21	1	50.00	0.23
教育与培训	1	0.21	1	20.00	0.09
广播电视及数字电视	1	0.21	1	11.20	0.05
合计	474	100.00	431	21513.14	100.00

数据来源：清科创业(01945.HK)旗下清科研究中心。

(3)创业投资机构投资浙江企业投资轮次分析

从投资轮次来看,2022年创业投资机构对浙江省企业的投资仍呈现出显著的"投早、投小"趋势,B轮及以前的轮次相较C轮及以后的轮次表现更为活跃。A轮、天使轮、Pre-A轮的投资案例数分别为144起、86起和72起,分列第一至第三位,累计占创业投资机构投资总案例数的63.71%,占比较2021年上升5.69个百分点;三个轮次的投资金额分别为67.76亿元、14.34亿元和19.00亿元,分别位居第一位、第六位和第五位,累计占创业投资机构投资总额的46.99%,占比较2021年上升4.60个百分点。此外,B轮的投资表现也较为突出,全年投资案例数68起,投资规模47.11亿元,分别位居第四位和第二位,占比分别为14.35%和21.90%(见表8-16)。

表8-16 2022年VC机构投资浙江企业轮次分布

轮次	投资案例数（总数）/起	总数占比/%	投资案例数（披露金额）/起	投资金额/百万元	金额占比/%
天使轮	86	18.14	77	1433.70	6.66
Pre-A	72	15.19	66	1900.16	8.83
A	144	30.38	129	6776.20	31.50
B	68	14.35	64	4711.42	21.90

轮次	投资案例数（总数）/起	总数占比/%	投资案例数（披露金额）/起	投资金额/百万元	金额占比/%
C	34	7.17	32	2135.83	9.93
D	13	2.74	12	1059.38	4.92
E及E轮之后	20	4.22	18	1961.45	9.12
老股权转让	9	1.90	9	545.76	2.54
新三板定增	9	1.90	9	163.44	0.76
战略投资	13	2.74	9	192.80	0.90
上市定增	6	1.27	6	633.00	2.94
合计	474	100.00	431	21513.14	100.00

数据来源：清科创业(01945.HK)旗下清科研究中心。

3. 2022年浙江创业投资退出分析

(1)浙江创业投资机构退出总量分析

2022年，我国创业投资机构在退出市场上的活跃度有所下降，全年共发生退出案例1745起，较2021年小幅下降5.62%。从各省份的对比情况来看，创业投资机构在广东省的退出表现最佳，全年退出案例数374起，为唯一一个突破300起的省份；紧随其后的江苏省、北京市、上海市的退出案例数分别为299起、258起和244起，表现也相对突出。

2022年，创业投资机构在浙江省共发生退出案例174起，较2021年增长2.96%，位居全国第五位，占全国创业投资机构退出案例数的9.97%，占比较2021年小幅增长0.83个百分点(见表8-17)。与江苏省相比，浙江省的退出案例数仅为江苏省的58.19%，主要是由于创业投资机构在浙江省IPO的退出案例数仅103起，比江苏省(181起)少78起。2022年，浙江省企业在科创板、创业板的上市企业数量分别为11家和19家，江苏省则为25家和23家，其中江苏省科创板IPO数量领先全国。得益于注册制改革的持续深化，借助科创板上市红利，更多高科技企业不断涌进资本市场。根据科学技术部火炬高技术产业开发中心发布的《2020年全国高新技术企业主要经济指标》，截至2020年底，江苏省高新技术企业数量达32734家，仅次于广东省，是浙江省(21943家)的1.49倍。作为"科技底色"浓厚的区域，江苏省企业在科创板、创业板更容易赢得"一席之地"，带动投资江苏省企业的创业投资机构退出案例数的增长。

表8-17　2022年VC机构退出浙江被投企业总量与国内其他省份比较

省份	退出案例数/起	比例/%
广东省	374	21.43
江苏省	299	17.13
北京市	258	14.79
上海市	244	13.98
浙江省	174	9.97
山东省	64	3.67
四川省	57	3.27
湖北省	53	3.04
陕西省	51	2.92
天津市	32	1.83
其他	139	7.97
合计	1745	100.00

数据来源:清科创业(01945.HK)旗下清科研究中心。

(2)浙江创业投资退出方式分析

与早期投资机构不同,创业投资机构退出浙江省被投企业的方式以IPO退出为主。2022年创业投资机构退出浙江省企业案例共174起,其中IPO退出案例数为103起,占比59.20%,占比较2021年下降4.71个百分点。此外,股权转让退出、回购退出、并购退出、借壳退出的退出案例数分别为32起、26起、11起和2起,占比分别为18.39%、14.94%、6.32%和1.15%,累计占比约四成;其中,回购退出的退出案例数占比较2021年上升了7.84个百分点(见表8-18)。

表8-18　2022年VC机构退出浙江被投企业退出方式分布

退出方式	退出案例数/起	比例/%
IPO	103	59.20
股权转让	32	18.39
回购	26	14.94
并购	11	6.32
借壳	2	1.15
合计	174	100.00

数据来源:清科创业(01945.HK)旗下清科研究中心。

(3)浙江创业投资退出行业分布分析

2022年,创业投资机构退出浙江省被投企业行业分布相较2021年稍有变化。具体来看,2022年创业投资机构退出案例数最多的行业为半导体及电子设备行业,共退出52起,占比29.89％,是2021年退出案例数(6起)的8.67倍,占比大幅增长26.33个百分点;半导体及电子设备行业的52起退出案例中,有50起为IPO退出,集成电路产业在股权投资市场的热度可见一斑。此外,与2021年相同,生物技术/医疗健康、互联网、IT、机械制造行业的退出案例数表现较好,分别为34起、22起、19起和17起,占比分别为19.54％、12.64％、10.92％和9.77％(见表8-19)。可以看出,科创浪潮下,创业投资机构在浙江省集成电路、生物医药、软件等硬科技产业上退出热度高涨,此外受浙江省互联网产业基础雄厚、传统产业转型升级政策风向的影响,互联网、机械制造等行业的退出活跃度也较高。

表8-19　2022年VC机构退出浙江被投企业行业分布

行业	退出案例数/起	比例/％
半导体及电子设备	52	29.89
生物技术/医疗健康	34	19.54
互联网	22	12.64
IT	19	10.92
机械制造	17	9.77
化工原料及加工	7	4.02
汽车	5	2.87
电信及增值业务	5	2.87
连锁及零售	4	2.30
娱乐传媒	3	1.72
建筑/工程	2	1.15
房地产	1	0.57
食品&饮料	1	0.57
教育与培训	1	0.57
金融	1	0.57
合计	174	100.00

数据来源:清科创业(01945.HK)旗下清科研究中心。

(四)2022年度浙江地区私募股权投资(PE)发展分析

1. 2022年浙江私募股权投资募资分析

(1)浙江私募股权投资机构募资总量分析

2022年,我国私募股权投资机构的募资步伐放缓,但仍保持高位运行,全年新募基金数量5091只,较2021年小幅下滑1.36%,募资规模16094.83亿元,较2021年下降2.25%。从各省份的对比情况来看,新募基金数量超过1000只的有北京市和广东省,分别为1192只和1106只;募资规模突破千亿级的有北京市、上海市和广东省,分别为5883.17亿元、2411.53亿元和2109.35亿元。

浙江省私募股权投资机构该年度的新募基金数量表现较好,募资金额则有所下滑(见表8-20)。募集数量方面,全年新募基金429只,较2021年增长3.37%;居全国第四位,位次与2021年相当,占全国比重为8.43%,占比相较2021年增长0.39个百分点。募资金额方面,2022年浙江省私募股权投资机构募资规模合计651.40亿元,较2021年下降12.62%;居全国第五位,位次与2021年相当,占全国比重为4.05%,占比相较2021年下滑0.48个百分点。平均新增资本量方面,在该年度募资体量前五的省份中,浙江省的平均新增资本量排名末位,仅为1.52亿元,较2021年下降15.27%,仅为第三名江苏省(2.80亿元)的54.36%。从与江苏省的对比情况来看,2022年,浙江省私募股权投资机构新募基金数量显著优于江苏省,为后者的1.57倍,但募资规模落后于江苏省,仅为后者的85.23%。值得注意的是,浙江省的429只新募基金中,仅有135只国资背景基金,对应的募资金额为405.83亿元;对比之下,江苏省的273只新募基金中,国资背景基金数量高达148只,占比超五成,对应的募资规模达550.46亿元,是浙江省的1.36倍。

表8-20   2022年浙江PE机构募集总量与国内其他省份比较

省份	新募资基金数(总数)/只	总数占比/%	新募资基金数(披露金额)/只	募资金额/百万元	金额占比/%	平均新增资本量/百万元
北京市	1192	23.41	1192	588316.75	36.55	493.55
广东省	1106	21.72	1106	210934.72	13.11	190.72
上海市	912	17.91	912	241153.12	14.98	264.42

续表

省份	新募资基金数（总数）/只	总数占比/%	新募资基金数（披露金额）/只	募资金额/百万元	金额占比/%	平均新增资本量/百万元
浙江省	429	8.43	428	65140.01	4.05	152.20
江苏省	273	5.36	273	76430.79	4.75	279.97
山东省	190	3.73	190	52478.36	3.26	276.20
福建省	126	2.47	126	18102.36	1.12	143.67
陕西省	107	2.10	107	16367.68	1.02	152.97
四川省	105	2.06	105	22380.14	1.39	213.14
湖南省	97	1.91	97	16819.20	1.05	173.39
其他	554	10.88	554	301359.94	18.72	543.97
合计	5091	100.00	5090	1609483.07	100.00	316.20

数据来源：清科创业(01945.HK)旗下清科研究中心。

（2）浙江私募股权投资机构募资币种分析

2022年浙江私募股权投资机构完成募集的429只基金，均为人民币基金。

（3）浙江私募股权投资机构募资地市分布分析

从浙江各地市的募资情况来看（见表8-21）：募集数量方面，杭州市私募股权投资机构的募资活跃度在各地市中遥遥领先，全年新募基金307只，占全省比重高达71.56%，占比较2021年进一步增长2.89个百分点；新募基金数量超过10只的还有宁波市、嘉兴市和绍兴市，分别新募基金61只、23只和19只，占比分别为14.22%、5.36%和4.43%。此外，2021年浙江省私募股权投资机构的募资活动共涉及8个地市，2022年则新增台州市和舟山市，新募基金各有1只。募资金额方面，杭州市和宁波市是仅有的两个募资规模突破百亿元的地市，分别为342.68亿元和145.71亿元，累计占比超七成。平均新增资本量方面，衢州市成为本年度的"黑马"，以16.27亿元的平均新增资本量领跑各地市，是第二名湖州市（3.33亿元）的4.89倍，这主要是由于衢州市的衢州市国资信安资本管理有限公司管理的基金衢州信华股权投资合伙企业（有限合伙）、衢州信安智造股权投资合伙企业（有限合伙）在2022年分别募集资金23.80亿元和20.00亿元，大幅拉高了衢州市的平均新增资本量。

表8-21　2022年浙江PE机构募资总量地市分布情况

地市	新募资基金数（总数）/只	总数占比/%	新募资基金数（披露金额）/只	募资金额/百万元	金额占比/%	平均新增资本量/百万元
杭州市	307	71.56	306	34267.55	52.61	111.99
宁波市	61	14.22	61	14570.84	22.37	238.87
嘉兴市	23	5.36	23	5691.32	8.74	247.45
绍兴市	19	4.43	19	2076.92	3.19	109.31
湖州市	9	2.10	9	2995.08	4.60	332.79
温州市	4	0.93	4	469.10	0.72	117.27
衢州市	3	0.70	3	4880.00	7.49	1626.67
台州市	1	0.23	1	30.00	0.05	30.00
舟山市	1	0.23	1	109.20	0.17	109.20
金华市	1	0.23	1	50.00	0.08	50.00
合计	429	100.00	428	65140.01	100.00	152.20

数据来源:清科创业(01945.HK)旗下清科研究中心。

2.2022年浙江私募股权投资规模分析

(1)私募股权投资机构投资浙江企业情况分析

经过2021年的补足式增长后,全国私募股权投资机构的投资体量在2022年出现大幅回落。全年共发生投资案例4858起,较2021年下降7.68%,投资规模仅6441.19亿元,较2021年下降37.39%。从各省份的对比情况来看,投资案例数方面,广东省、江苏省的投资案例数超过上海市、北京市,分别位居第一、第二位,达859起和785起,上海市、北京市的投资案例数分别为718起和717起,分别位居第三、第四;浙江省位居第五,投资案例数为497起;排名前5省份的投资案例数累计占全国比重超过七成。投资规模方面,北京市、上海市领跑全国,分别为1225.81亿元和1181.34亿元;广东省的投资规模也逼近千亿元,为992.62亿元。

2022年,全国私募股权投资机构对浙江省企业的投资案例数和规模均有所下滑;均位居全国第五,且位次较去年同期无变化(见表8-22)。投资案例数方面,2022年全国私募股权投资机构共对浙江省企业投资497起,较2021年下降8.13%;占全国比重为10.23%,占比与去年同期相比整体持平。投资规模方面,2022年全国私募股权投资机构投资浙江省企业的体量有所下降,为499.39亿元,较2021年下降15.49%;占全国比重为7.75%,占比较2021年逆势增长2.01个百分点。从与江苏省的对比情况来看,浙江省的投资案例数与江苏省差距在2022年进一步拉大(浙江省投资案例数与江苏省的比值自2021年的83.49%下滑至2022年的63.31%),但投资规模的差距缩小(浙江省投资规模与江苏省的比值则自2021年的45.39%增长至2022年的69.63%)。与创业投资机构相同,私募股权投资机构对浙江省企业和江苏省企业的投资差异主要集中在半导体及电子设备行业、生物技术/医疗健康行业上,2022年江苏省半导体及电子设备、生物技术/医疗健康行业的投资案例数合计450起,是浙江省(209起)的2.15倍;江苏省半导体及电子设备、生物技术/医疗健康行业的投资规模合计419.87亿元,是浙江省(143.10亿元)的2.93倍。

表8-22　2022年PE机构投资浙江企业总量与国内其他省份比较

省份	投资案例数（总数）/起	总数占比/%	投资案例数（披露金额）/起	投资金额/百万元	金额占比/%
广东省	859	17.68	750	99262.43	15.41
江苏省	785	16.16	712	71719.20	11.13
上海市	718	14.78	634	118134.14	18.34
北京市	717	14.76	620	122580.62	19.03
浙江省	497	10.23	432	49939.00	7.75
四川省	171	3.52	137	18037.93	2.80
山东省	157	3.23	144	17674.00	2.74
安徽省	132	2.72	106	24304.91	3.77
湖北省	123	2.53	113	19661.38	3.05
福建省	94	1.93	82	12178.98	1.89
其他	605	12.45	505	90626.50	14.07
合计	4858	100.00	4235	644119.09	100.00

数据来源:清科创业(01945.HK)旗下清科研究中心。

(2)私募股权投资机构投资浙江企业行业分布分析

私募股权投资机构对浙江省企业的投资呈现出高度的行业聚集性(见表8-23)。投资案例数方面,2022年,私募股权投资机构对浙江省企业的投资集中在半导体及电子设备行业、IT行业、生物技术/医疗健康行业等中高端产业领域,三者的投资案例数分别为107起、105起和102起,占比分别为21.53%、21.13%和20.52%,累计占比超六成。投资金额方面,IT行业、生物技术/医疗健康行业、半导体及电子设备行业的投资规模分别为118.96亿元、89.69亿元、53.40亿元,分别位居行业间第一、第二、第五,占比分别为23.82%、17.96%和10.69%,累计占比超五成。此外,清洁技术行业、汽车行业以76.04亿元、67.34亿元的投资规模分列行业间第三、第四位。平均投资金额方面,汽车行业以5.61亿元的平均投资金额高居行业间榜首,主要是由于该年度私募股权投资机构投资金额前五案例中,有两起案例发生在汽车行业,大额投资案例拉高了汽车行业的平均投资金额。两起案例分别为:浙江零跑科技股份有限公司获得3.08亿美元基石投资,其中私募股权投资机构参投金额为20.51亿元;浙江吉利远程新能源商用车集团有限公司获得3.00亿美元Pre-A轮投资,其中私募股权投资机构参投金额为17.20亿元。

表8-23　2022年PE机构投资浙江企业行业分布

行业	投资案例数（总数）/起	总额占比/%	投资案例数（披露金额）/起	投资金额/百万元	金额占比/%
半导体及电子设备	107	21.53	92	5340.22	10.69
IT	105	21.13	90	11896.11	23.82
生物技术/医疗健康	102	20.52	92	8969.45	17.96
机械制造	39	7.85	37	2445.28	4.90
互联网	32	6.44	24	698.81	1.40
清洁技术	28	5.63	24	7604.15	15.23
化工原料及加工	21	4.23	19	1801.78	3.61
汽车	13	2.62	12	6734.03	13.48
食品&饮料	9	1.81	9	386.91	0.77
连锁及零售	9	1.81	8	375.92	0.75
娱乐传媒	7	1.41	5	230.00	0.46
金融	7	1.41	6	587.37	1.18
其他	4	0.80	3	1049.20	2.10
能源及矿产	4	0.80	4	1476.92	2.96
教育与培训	3	0.60	2	20.00	0.04
物流	2	0.40	2	72.85	0.15

续表

行业	投资案例数（总数）/起	总额占比/%	投资案例数（披露金额）/起	投资金额/百万元	金额占比/%
建筑/工程	2	0.40	1	15.00	0.03
农/林/牧/渔	1	0.20	1	165.00	0.33
广播电视及数字电视	1	0.20	1	70.00	0.14
纺织及服装	1	0.20	0	0.00	0.00
合计	497	100.00	432	49939.00	100.00

数据来源：清科创业（01945.HK）旗下清科研究中心。

（3）私募股权投资机构投资浙江企业投资轮次分布分析

从轮次分布来看，相较早期投资机构、创业投资机构，2022年私募股权投资机构对浙江省A轮及以前的企业的投资集中度有所下降，投资规模则高度集中于B轮及以后的企业。具体来看，投资案例数方面，A轮、B轮、天使轮位居前三，投资案例数分别为139起、86起和65起，占比分别为27.97%、17.30%和13.08%。A轮及以前的轮次投资案例数累计254起，累计占比51.11%；B轮及以后的轮次投资案例数累计243起，累计占比48.89%；两者之间"势均力敌"。投资金额方面，E及E轮之后、B轮、A轮的投资规模最大，分别为135.28亿元、128.89亿元和61.23亿元，占比分别为27.09%、25.81%和12.26%。A轮及以前的轮次投资规模累计101.44亿元，累计占比20.31%；B轮及以后的轮次投资规模累计397.95亿元，累计占比79.69%；后者占比显著高于前者（见表8-24）。值得注意的是，E及E轮之后的平均投资金额大幅领先其他轮次，达3.76亿元，主要是由于私募股权投资机构投资规模前十案例中，E及E轮之后有4起，投资规模合计超百亿元，使得该轮次的平均投资金额居于高位。

表8-24　2022年PE机构投资浙江企业轮次分布

轮次	投资案例数（总数）/起	总数占比/%	投资案例数（披露金额）/起	投资金额/百万元	金额占比/%
天使轮	65	13.08	59	1131.83	2.27
Pre-A	50	10.06	44	2889.03	5.79
A	139	27.97	122	6123.15	12.26
B	86	17.30	80	12889.46	25.81

续表

轮次	投资案例数（总数）/起	总数占比/%	投资案例数（披露金额）/起	投资金额/百万元	金额占比/%
C	31	6.24	28	3060.31	6.13
D	12	2.41	12	2598.78	5.20
E及E轮之后	38	7.65	36	13528.20	27.09
老股权转让	12	2.41	8	2242.85	4.49
新三板定增	7	1.41	7	362.88	0.73
战略投资	48	9.66	27	4407.07	8.82
上市定增	9	1.81	9	705.45	1.41
合计	497	100.00	432	49939.00	100.00

数据来源:清科创业(01945.HK)旗下清科研究中心。

3. 2022年浙江私募股权投资退出概况

(1)浙江私募股权投资机构退出总量分析

2022年,全国私募股权投资机构共发生2410起退出案例,相比2021年增加3起。从各省份的对比情况来看,与2021年相同,北京市、上海市、广东省、江苏省四省份位居前四,其中,广东省以382起退出案例超越北京市、上海市,位居第一;北京市、上海市、江苏省的退出表现也较好,均突破300起,分别为360起、341起和327起;北京市、上海市、广东省、江苏省退出案例数累计占全国私募股权投资机构退出总案例数的58.51%,占比较2021年小幅下降2.02个百分点。

2022年,私募股权投资机构退出浙江省被投企业共220起,较2021年下滑7.17%;位居全国第五,与去年同期排名相同,占全国比重为9.13%(见表8-25),占比相较2021年下降0.72个百分点。2022年,浙江省的退出案例数与江苏省的差距相比2021年进一步扩大,2021年退出案例数为江苏省的79.80%,2022年仅为江苏省的67.28%。与创业投资机构相同,私募股权投资机构在浙江省和江苏省退出市场上的表现差异主要体现在IPO退出方面,IPO企业数量尤其是科创板上市企业数量的差距影响了两省的退出案例数。

表8-25　2022年PE机构退出浙江被投企业总量与国内其他省份比较

省份	退出案例数/起	比例/%
广东省	382	15.85
北京市	360	14.94
上海市	341	14.15
江苏省	327	13.57
浙江省	220	9.13
山东省	115	4.77
陕西省	90	3.73
四川省	75	3.11
湖北省	73	3.03
安徽省	53	2.20
其他	374	15.52
合计	2410	100.00

数据来源:清科创业(01945.HK)旗下清科研究中心。

（2）浙江私募股权投资退出方式分布分析

与2021年相比,IPO退出在私募股权投资机构退出浙江省被投企业的案例中占比有所下降,其余退出方式占比则均有提升(见表8-26)。2022年,在浙江省的220起退出案例中,IPO退出案例数共167起,占比75.91%,占比较2021年下降4.26个百分点。股权转让退出、回购退出、并购退出、清算退出的案例数分别为32起、14起、6起和1起,占比分别为14.55%、6.36%、2.73%、0.45%,占比较2021年分别增长1.89个百分点、2.14个百分点、0.20个百分点和0.03个百分点。可以看出,IPO退出仍然是私募股权投资机构主流的退出方式,同时私募股权投资机构也在积极寻求二级市场以外的退出渠道以获取现金收益。

表8-26　2022年PE机构退出浙江被投企业退出方式分布

退出方式	退出案例数/起	比例/%
IPO	167	75.91
股权转让	32	14.55
回购	14	6.36
并购	6	2.73
清算	1	0.45
合计	220	100.00

数据来源:清科创业(01945.HK)旗下清科研究中心。

(3)浙江私募股权投资退出行业分布分析

从退出行业分布来看,相比2021年,2022年私募股权投资机构在浙江省的热门退出行业有了较大变化(见表8-27)。2022年,退出案例数最高的五个行业为半导体及电子设备、生物技术/医疗健康、化工原料及加工、汽车、机械制造,分别为69起、30起、26起、22起和21起;其中,半导体及电子设备、化工原料及加工、汽车行业的退出案例数分别为2021年的7.67倍、3.25倍和3.67倍,排名分别自2021年的第十、第十一、第十三位,上升至2022年的第一、第三、第四位;生物技术/医疗健康、机械制造行业的退出案例数则较2021年下降49.15%和30.00%,排名分别从2021年的第一、第二位,下降至2022年的第二、第五位。可以看出,产业结构升级背景下硬科技领域热度持续攀升、新能源转型持续推进,带动了私募股权投资机构在集成电路、生物医药、新能源、汽车等领域的退出活跃度。

表8-27　2022年PE机构退出浙江被投企业行业分布

行业	退出案例数/起	比例/%
半导体及电子设备	69	31.36
生物技术/医疗健康	30	13.64
化工原料及加工	26	11.82
汽车	22	10.00
机械制造	21	9.55
IT	9	4.09
清洁技术	8	3.64
物流	8	3.64
纺织及服装	5	2.27
金融	5	2.27
互联网	4	1.82
娱乐传媒	3	1.36
食品&饮料	2	0.91
电信及增值业务	2	0.91
连锁及零售	2	0.91
其他	2	0.91
能源及矿产	1	0.45
建筑/工程	1	0.45
合计	220	100.00

数据来源:清科创业(01945.HK)旗下清科研究中心。

三、浙江省股权投资业发展趋势分析及政策建议

(一)浙江股权投资业发展趋势分析

1. 基金募集节奏仍将保持高位运行,募资端"强者恒强"的马太效应将进一步加深

2022年,在市场整体承压的背景下,浙江省股权投资机构(含早期投资机构、创业投资机构、私募股权投资机构)的基金募集活动仍保持了较高的活跃度,募资规模也处于高位;2022年浙江省投资机构全年新募基金600只,较上一年增长6.76%;募资规模为914.82亿元,较2021年下降7.44%。2022年12月召开的中央经济工作会议明确了2023年的重点工作任务,其中着力扩大国内需求为五大任务之首,这向市场和社会各界释放出了强烈的积极信号,表明国家将会通过坚定实施扩大内需战略,持续释放经济增长潜力。随着新冠疫情影响的逐渐减退,加上国家一系列积极的政策推动,市场将持续健康增长,消费、投资带来的资金流动也将促进市场的良好运转。在此背景下,浙江省经济增速回升、资本市场回暖的前景较为乐观,将带动股权投资机构在募资方面活跃度的进一步提升。

从单只基金募资规模来看,2022年浙江省募资规模不足1亿元的基金共397只,较上一年增长14.08%,占全部新募基金数量的66.17%,占比较2021年增长4.25个百分点;但其募资规模则略有下降,为133.91亿元,较上一年下降0.05%;单只基金平均募资规模为0.34亿元,较上一年下降10.53%。与此同时,2022年浙江省投资机构募资规模超过10亿元的基金有27只,较上年增加7只,占比为4.50%,占比较上一年增加0.94个百分点;其募资规模合计达371.21亿元,较上一年增长7.19%,占全年募资规模的40.58%,占比较2021年增长5.53个百分点。可见,当前浙江省投资机构募资规模的两极化特征显著,在当前浙江省产业结构化转型升级的浪潮下,聚拢行业资源成为产业发展的重要诉求,资金向头部机构聚集的趋势将愈加明显,同时随着市场监管的进一步规范、完善,一些不符合市场发展要求的中小机构将被淘汰,募资端"强者恒强"的马太效应将进一步加深。

2. 科技领域投资布局逐渐向精细化延伸,投资节奏将进一步加快

近年来,为深入实施创新驱动发展战略,充分发挥直接融资优势,国家层面多次释放积极信号,鼓励股权投资机构助力科创企业发展壮大,各地方陆续出台相关政策及具体措施。浙江省对科技创新型企业给予高度重视和扶持,使得浙江省硬科技领域相关产业迸发出强劲的发展动力,吸引了股权投资机构的热切关注。2022年,浙江省企业共获得投资1126起,其中IT、半导体及电子设备、生物技术/医疗健康三大行业分别获得投资281起、232起和228起,占比分别为24.96%、20.60%和20.25%,累计占比65.81%,累计占比较上一年增长6.61个百分点;投资规模分别为173.71亿元、113.41亿元和133.01亿元,占比分别为23.78%、15.52%和18.21%,累计占比57.51%,累计占比较上一年增长2.56个百分点。

在政策扶持上,浙江省连续多年在促进金融支持科技创新、科技创新反哺股权投资市场蓬勃发展方面做了许多努力。2021年《浙江省金融业发展"十四五"规划》强调要"聚力金融支撑高水平创新型省份建设",不仅要完善支撑科技创新的金融体系,还要加大对科创企业的股权资本投入,同时加强支持科技创新的金融综合服务。2022年,浙江省人民政府办公厅发布《关于加快构建科技创新基金体系的若干意见》,提出设立4类科技创新基金(包括政府科技创新基金、科技公益基金、科技私募基金和重大创新平台科技创新基金),主要投向"互联网+"、生命健康、新材料三大科创高地和碳达峰碳中和技术制高点等重点领域的基础研究、应用基础研究、关键核心技术攻关项目,以带动国有资本和产业资本有针对性地投向科技创新领域,带动核心技术的突破和科技成果的转化应用。目前,我国科技领域赛道日渐"精细化",从对泛科技领域的关注,逐渐转向对数字经济、智能制造、生命科技等领域全产业链投资机会的深入挖掘。2023年,浙江省率先发力,发布《浙江省"415X"先进制造业集群建设行动方案(2023—2027年)》,该方案明确进一步强化基金引导的作用,设立迭代产业基金3.0版,抢占未来先进制造业产业高地。

未来,在浙江省政府的政策设计及资本引导下,浙江省在科技领域的投资热度将持续走高,且逐渐向精细化领域布局。

3. 企业上市退出环境向好,同时多渠道拓宽退出空间,各类型退出交易将"百花齐放"

在注册制改革不断深化的背景下,A股多层次资本市场支持科技创新的作用和效果显著提升,项目上市板块定位和制度更加明确;港股方面,港交所也积极优化上市环境,放宽特专科技企业赴港上市条件,吸引更多"硬科技"企业,同时沪港深通双向扩容,深化两地资本市场互联互通。与此同时,境内市场持续向国际化资本市场靠拢,"实物分配股票试点"正式进入实施阶段,基金退出路径进一步疏通。2022年中国股权投资市场共发生4000余起退出,同比小幅下滑3.68%;其中被投企业IPO案例数共2600起,同比下滑13.00%,并购、股权转让和回购案例数量则有明显提升。

就浙江省而言,2022年浙江省共发生443起退出案例;其中,IPO退出案例数为273起,较上一年下滑9.00%,主要是由于全球金融市场持续震荡的影响,浙江省企业上市活动受到明显冲击,全年共有67家企业上市,较上一年下降30.93%,上市企业数量的下滑,联动造成了股权投资机构对浙江省企业IPO退出数量的下滑。同时,随着IPO注册制逐渐扩大,一二级市场价差快速收窄,市场套利空间缩小,通过投后增值服务或控股型并购与企业共同创造价值的业务模式的优势凸显,浙江省股权转让退出、回购退出的数量均出现增长,分别为101起和46起,较上一年分别增长18.82%和91.67%。2022年,股权转让、回购和并购交易的退出案例数累计占浙江省总退出案例数比重为37.70%,占比较2021年增长7.54个百分点。

为了进一步疏通基金退出浙江省被投企业的堵点,浙江多种政策措施齐发。浙江省政府发布的《浙江省深入实施促进经济高质量发展"凤凰行动"计划(2021—2025年)》(以下简称《计划》)彰显了浙江在推动企业IPO上市方面的行动力,各地深入开展上市公司产业引领专项行动,实施企业股改上市提升工程,推动"雏鹰"企业成长、"雄鹰"企业壮大,实现更多企业成为"金凤凰",进一步优化了股权投资机构对浙江省被投企业进行IPO退出的市场环境。同时,《计划》也深化了高质量并购重组工作,通过鼓励上市公司围绕上下游产业链资源整合,支持建设并购项目产业园,对并购重组提供融资支持,为上市公司和有并购退出意愿的股权投资机构建立了业务纽带,增加了股权投资机构对浙江省被投企业进行并购退出的可能性。

　　未来,受地缘政治因素影响,大型跨国公司或将加速拆分中国业务,或将催生更多的股权转让、并购等业务;同时,全面注册制的运行将企业的价值判断交予市场,定价市场化整体使得IPO项目溢价降低,股权投资机构也将积极寻求二级市场以外的退出渠道以获取收益。可以想见,未来浙江省退出市场将会是IPO、股权转让、并购、回购等多类型退出方式"百花齐放"的景象。

(二)浙江股权投资业发展问题及政策建议

　　1. 募资市场资金结构多元化发展,应鼓励保险资金等长期资本有序入市、规范运行

　　党的二十大报告指出,我国已迈上全面建设社会主义现代化国家新征程,高质量发展是全面建设社会主义现代化国家的首要任务,要坚持把发展经济的着力点放在实体经济上。股权投资是实体经济直接融资的重要手段,是助力实体经济高质量发展的重要抓手,对推动创新战略实施、打通产业链资源、拓宽企业融资渠道、完善公司治理等方面均具有重要意义。要扎实推进中国式现代化,立足新发展阶段、贯彻新发展理念、构建新发展格局、推动高质量发展,股权投资发挥关键性作用,这是保险资金服务实体经济的重要着力点。当前,股权投资市场逐渐进入存量时代,募资难、投资难、退出难等问题凸显。2022年我国国民经济顶住压力持续发展,股权投资市场保持平稳发展态势,全年新募集基金总数超7000只,募资规模维持在2万亿元以上。与此同时,国家政策对社保基金、险资、银行理财等长期资本入市的鼓励力度不减,国有资本和产业资本的股权投资参与度逐步加深,募资市场的内部资金结构出现细微转变。

　　为鼓励险资、银行理财参与股权投资,发挥其长期稳定资金优势,增加市场的长期资金供给,国家层面出台多项政策扶持培育机构投资者。2021年,《建设高标准市场体系行动方案》《关于银行业保险业支持高水平科技自立自强的指导意见》《中国银保监会关于修改保险资金运用领域部分规范性文件的通知》等政策密集发布,明确提出鼓励保险资金、银行及银行理财子公司、商业银行具有投资功能的子公司、信托公司等依法依规进行股权投资,并适当放宽出资限制,为长期资本的有序入市夯实基础。

积极鼓励长期资本参与股权投资的同时,我国对私募基金行业的监管力度也在逐渐加大。2022年11月银保监会发布《中国银保监会办公厅关于私募股权基金管理人不良记录名单的通报》,12月AMAC(中国证券投资基金业协会)发布《私募投资基金登记备案办法》(征求意见稿),加大行业监控整顿力度、落实扶优限劣,保证行业的规范化运作。2022年,长期资本一系列"松绑"政策的接续政策、指引法规等文件也相继迎来落地,明确了中长期发展规划、监管强化等内容以保证各类资金的规范、有效运用,是2021年多项扶持政策的有效补充和细化,我国对长期资本合规参与股权投资的引导体系正逐步完善。

作为财务投资者,保险资金、银行资金的股权投资本质是依托长期资金优势,以放弃流动性来获取投资溢价,以大规模投资来实现较大的投资收益。浙江应围绕保险资金、银行资金的规模大、期限长、来源稳定等优势,进一步加强与保险公司、银行及银行理财子公司、商业银行具有投资功能的子公司、信托公司等的对接,积极推动保险资管机构、银行及银行理财子公司、商业银行具有投资功能的子公司、信托公司等投资浙江股权投资领域,以支持科创企业发展,改善浙江募资资金结构;与此同时,还应鼓励和规范保险资管机构、银行及银行理财子公司、商业银行具有投资功能的子公司、信托公司等在股权投资领域的规范性运作,保证其有序入市。

2. 传统互联网产业式微,应鼓励股权投资机构助力传统互联网产业向数字化、智慧化方向升级转变

浙江既是互联网大省,也是以数字经济为代表的新兴产业大省。然而,在新一轮科技革命和产业变革加速演进的背景下,传统互联网产业(如电子商务、网络营销、网络服务等)式微,对股权投资机构的吸引力也相应下降。2022年,浙江省互联网行业共获得投资68起,环比下降56.41%,位居全行业第五,排名相比2021年下降2个位次;投资规模15.20亿元,仅为上一年同期的11.25%,位居全行业第九,排名相比2021年下降6个位次。可以看出,浙江省的传统互联网产业亟须转型,通过自身的不断迭代,以谋求新时代的发展机遇。

当前,互联网产业的发展需求日渐转向数字化、智慧化方向,互联网正从原来的信息互联网、消费互联网转向产业互联网和价值互联网。数字化

转型时代要求"互联网＋"进一步升级至"智慧＋",流量驱动、数据驱动、算法驱动、效率驱动、可信驱动将对未来移动创新和整个数字化发展起到重要推动作用。作为全国互联网发展高地,浙江省在互联网产业转型升级方面具有显著的领先优势。截至2021年底,浙江省网民规模达到5506.7万人,互联网普及率为84.2%;已建成5G基站16.16万个,全国排名第三,率先实现乡镇全覆盖和行政村基本覆盖,每万人拥有基站数达到18.8个;移动支付在政府智治、医疗健康、公共交通、智慧旅游、校园活动、公共事业缴费等领域全面普及,全省移动支付普及率达94%;2021年全省累计实现网络零售超2.5万亿元,环比增长11.6%[①]。

为推动互联网产业的升级改造,提升产业资本对浙江互联网行业的关注度,浙江省应该牢牢抓住当前数字经济发展机遇,以雄厚的互联网产业基础为起点,以三大科创高地之一"互联网＋"为抓手,深入实施数字经济"一号工程",加快推进数字产业化、产业数字化、治理数字化、数据价值化协同发展,着力完善数字经济发展生态和数字基础设施,不断激发数字经济高质量发展新动能;同时,以股权投资助力传统互联网向数字化、智慧化方向升级转变,实现浙江省数字经济高质量发展。

3. 科创板企业上市仍相对乏力,应进一步深化"凤凰行动"计划,强化对企业科创板上市的扶持

2022年浙江省企业上市整体表现较好,位居全国第三,但企业在科创板上市仍存在疲软状态,浙江省应进一步加强对科创企业扶持。与江苏省相比,两省上市企业数量有一定差距,尤其表现在科创板上市企业数量和股权投资机构的支持上。整体来看,2022年浙江省有67家企业境内外上市,江苏省则有79家,后者为前者的1.18倍;在科创板交易市场上,2022年浙江省仅有11家企业上市,江苏省则有25家,后者为前者的2.27倍。从股权投资机构支持来看,浙江省2022年的IPO退出数量较少,为273起,江苏省IPO退出数量为425起,后者是前者的1.56倍;科创板交易市场上,浙江省上市企业的IPO退出案例数仅有124起,江苏省则有239起,后者为前者的1.93倍。

---

① 数据来源:浙江省委网信办、省经信厅、省通信管理局共同举办的《浙江省互联网发展报告2021》新闻发布会。

　　综上,浙江省应进一步推进和深化"凤凰行动"计划,聚力企业上市培育,推动科创企业做强做优,在科创板争得"一席之地",实现浙江省科创企业的高质量发展。其一,给予科创企业全方位、多层次政策扶持,着力打好培育服务企业上市"攻坚战"。借鉴江苏模式,出台地方性科创企业扶持指导意见,如《扬州市企业上市挂牌三年行动计划》《扬州市政府关于支持企业利用资本市场推进高质量发展的意见》《无锡市关于进一步鼓励和支持企业上市(挂牌)的若干意见》《推进苏州上市公司做优做强若干措施》《苏州市促进企业利用资本市场实现高质量发展的实施意见(2023—2025年)》等,全方位、多层次为企业上市提供要素保障。其二,坚持境内外上市统筹兼顾、同步推进,推动符合条件的拟上市企业合理选择发行地点和板块,支持企业通过并购重组、新三板挂牌等多种方式实现挂牌上市,采取对上市企业按实际到位筹集资金的一定比例进行额外奖励等方式,激发企业发展的积极性。其三,侧重于高端制造、生物医药等新兴科创产业;注册制的全面落地,把对企业价值的判断交给了市场,符合产业发展需求、拥有核心技术的企业势必会获得市场的青睐。

　　　　　　　　　　　　(本报告由浙江省股权投资行业协会提供)

金融热点问题研究

第九章 2022年度宁波市普惠金融改革试验区发展报告

2022年,宁波紧扣数字普惠金融特色,推动各项改革任务全面落地见效。普惠小微贷款余额增速居全省首位;12月新发放小微企业贷款平均利率创有统计以来最低;数字普惠金融建设经验在人民银行总行专业工作会议上得到交流;成功发布13项普惠金融团体标准;相关工作多次获省市主要领导批示肯定,多项创新工作在《金融时报》《中国金融》和人民银行官微上得到宣传。

一、科技赋能,数字普惠迈上新台阶

1.基础设施日臻完善。一是优化普惠金融信用信息服务平台。新开发再贷款服务子系统、储蓄国债服务子系统、微信端应用等功能,成功对接长三角征信链平台。至年末,采集各类信息超20亿条,累计查询量657万次。全年普惠群体通过平台线上申贷成功获贷7420笔、223.8亿元。二是优化"浙里甬e保"平台。至年末,平台已覆盖全国13个省份,服务群众超过3000万人次。三是深化跨境金融服务平台试点。持续深化跨境金融服务平台应用,2022年累计办理业务3.5万笔,服务企业1604家,分居全国第一、第三。

2.服务场景多元有效。一是推动数字支付业务增量扩面。2022年全市移动支付交易7.3亿笔,同比增长19.7%。人脸识别线下支付累计交易量占全国总量的60%以上。二是数字人民币试点成效显著。全市公交车、小遛共享等实现数字人民币支付,并率先在全省落地多个应用场景。三是深化硬币自循环试点。2022年全市累计回笼硬币4697.3万枚,累计再投放3485.3万枚;盘活沉淀资金2519.1万元。

3.除险保安守牢底线。一是推动机构全覆盖监测。优化"天罗地网"金融风险监测防控系统,累计汇聚数据4亿余条。二是推进业务全流程管控。支持辖内银行完成风控模型建设,全市不良贷款率0.65%,创有统计以来新低。三是推动公众全方位保护。成立全市首家金融行业"共享法庭",将调解指导、网上立案、普法宣传等法院服务延伸至调解组织一线。推广金融知识教育APP"金语满堂",注册会员达5.4万人,比年初增长20.1%。

二、多跨协同,全域普惠实现新进展

1.精准发力重点领域。一是激发小微企业活力。深化首贷户拓展专项行动,2022年首贷户新增2.33万户,同比增长29.7%。开展金融助力小微企业和个体工商户纾困发展暨信用融资破难行动。至年末,全市普惠小微贷款余额4910.1亿元,同比增长33.7%,比全部贷款同比增速高20.1个百分点。深化制造业中长期贷款提升专项行动,至年末,全市制造业中长期贷款余额2471.3亿元,余额同比增长48.3%。二是推动高水平对外开放。深入推进外汇收支便利化试点,2022年银行办理优质企业便利化业务笔数、金额分别同比增长2.9倍、2.4倍。持续增强企业汇率避险能力,实现九成以上套保业务支持网银线上办理。2022年,共有4746家企业办理汇率避险业务,签约金额520.2亿美元,同比分别增长38.7%、5.4%。三是助推乡村全面振兴。推动涉农领域知识产权质押贷款运用,至年末,全市涉农贷款比年初新增1224.4亿元,余额同比增长16.4%;农村金融创新产品余额582.9亿元,同比增长11.5%。

2.保险兜底成效凸显。一是深化保险机制建设。利用公开市场交易机制,推动普惠型保险产品"甬学保"在上海保交所挂牌交易。深化保险创新培育机制实施,多项重大保险创新项目获得立项评审。实施金融创新攻关项目"揭榜挂帅"机制,首批5个项目加快推进创新攻关。二是坚持服务实体。出口信用保险全年为9588家外贸企业提供423亿美元的风险保障,同比增长10.9%。创新"港航服务保",为13家供应链核心主体提供8000万美元保险保障。三是坚持服务民生。全国率先试点普惠型学生平安保险"甬学保"。推出"稳业保""灵活保",覆盖30.1万名企业职工,服务超20万名灵活就业者,被中央电视台报道点赞。

3.完善风险分担机制。打造"财金联动、体系推进、利益耦合、风险预控"的一体化政策性融资担保体系,至年末,全市政府性融资担保在保户数2.3万户,在保余额454.1亿元,同比分别增长96.4%和99.2%;平均担保费率0.08%。

三、担当作为,民生普惠取得新成效

1.做实"一老一小"金融服务。一是推进金融助老有实效。至年末,全市已设立67个助老金融服务网点,开设1938个助老服务专窗。编写出版老年人专属金融教育读物,制作助老系列微课,持续提升老年人智能技术运用水平。二是开展教育扶小有突破。全年开展校园教学552场,惠及学生5.76万名。制作推广青少年"红色金融史"标准化课件和视频,打造浙东红色货币文化馆。

2.做好新市民金融服务。一是搭建金融服务场景。在"浙里办—浙里新市民"上搭建"新市民金融服务场景",至年末,已上线贷款产品39个、保险产品20个,信用卡产品20个。二是创新专属金融产品。指导银行保险机构利用各类政务数据推出"积分+信贷""社保+信贷""积分+保险"等金融服务和产品,至年末,11家银行推出14款新市民专项信贷产品,贷款余额35.4亿元。

3.做优基础金融服务。一是提升征信查询便民化水平。全市累计建成征信查询代理点147家,共布放查询机167台,同时实现所有代理点地址信息在微信小程序中一键导航。二是做优线下金融服务平台。全年新设普惠金融服务中心(站)30个,全市94.4%的农村金融服务站支持通过移动支付方式办理助农业务。

(本报告由中国人民银行浙江省分行提供)

第十章　2022年度丽水市金融改革发展报告

2022年，浙江省丽水市普惠金融服务乡村振兴改革试验区成功获批。丽水市围绕试验区启动、工作机制建立和改革业务创新等工作加大推进力度并取得积极成效。

一、推进普惠金融服务乡村振兴改革试验区创建

2022年9月22日，经国务院同意，人民银行联合银保监会、发改委、财政部、农业农村部、证监会和乡村振兴局印发《浙江省丽水市普惠金融服务乡村振兴改革试验区总体方案》，标志着试验区成功获批。11月30日，浙江省政府在钱塘江论坛上举办了试验区启动仪式。12月12日，丽水市委、市政府成立了由市委书记和市长担任双组长的试验区工作领导小组；市政府组织成立了由市政府分管副秘书长任组长，市人行、市委金融办等9个部门组成的试验区工作专班，具体负责试验区推进工作。

二、深入推进绿色金融与普惠金融融合发展模式创新

持续推进金融支持生态产品价值实现机制创新，截至2022年末，丽水市"生态抵质押贷"余额261.39亿元、"生态信用贷"余额29.26亿元，累计发放"生态区块链贷"2.23亿元，评定"两山"银行18家。创新推出开发性金融服务模式，通过生态资源整合开发、政府建立配套生态补偿机制、开发性金融（国开行）与商业银行拼团贷款方式，发挥金融对生态项目融资的支持。通过丽水市信用信息服务平台共享工业企业碳效信息，创新推出"碳信用"

"碳增信"服务模式,引导和支持银行机构运用碳效信息开展信贷投放。8月份,丽水市获生态环境部、人民银行等部委联合批复开展气候投融资试点。

三、推进农村信用体系建设

持续完善丽水市信用信息服务平台功能,建立"新型农业经营主体数据管理子系统",扎实开展新型农业经营主体"首贷户"拓展行动。截至2022年末,丽水市共建立新型农业经营主体信用档案21775户、新型农业经营主体贷款余额74.5亿元,其中信用贷款余额15.18亿元,拓展首贷户565户、贷款4.17亿元。运用信用体系建设成果加大农户信用贷款投放,截至2022年末,丽水市农户信用贷款余额达到278.34亿元,同比增长28.89%,全市符合条件农户实现了3万元以上信用贷款授信覆盖率100%。指导银行机构创新推出运用丽水市信用信息服务平台数据的批量跑分模型,探索拓展平台客群发现、信用定价、对接融资等功能。

四、加速推进数字普惠金融创新

运用区块链技术建成全国首创的服务于丽水市域外小超市、小宾馆的"两小"创业通平台,提供收单结算、融资对接等数字普惠金融服务,被评为浙江省数字经济系统"最佳"榜单、全省数字政府系统优秀应用案例。平台自4月份正式上线至2022年末,注册域外"两小"商户17494户,授信金额37.51亿元。立足庆元县食用菌交易中心优势,创新推出服务于食用菌产业发展的"智慧菇城"数字普惠金融模式,为食用菌产业提供结算、溯源、融资等金融服务。截至2022年末,累计授信1.71亿元、用信1.52亿元。

五、深化乡村振兴金融服务站建设

在银行卡助农取款服务点基础上,按照标准因地制宜加载人民币兑换、货币反假、小额外币兑换、国债业务咨询、金融消费者权益保护等金融服务功能,升级成为助推乡村振兴的农村金融服务站。截至2022年末,丽水市已建成850家标准化助推乡村振兴的农村金融服务站,占全市银行卡助农服务点总数的45％。推进有条件的服务点与党建工作、农村电商、村级邮政等合作共享,实现高频便民服务加载。截至2022年末,丽水市已建成综合型金融服务站1626个,评选乡村振兴金融服务站示范点158家,发挥示范带动作用。

六、完善农村产权融资服务体系

成功获财政部、人民银行、银保监会批复列入"中央财政支持普惠金融发展示范区",建立农村土地承包经营权抵押贷款贴息政策。持续深化林权、农房、农村土地承包经营权、农副产品仓单质押、村集体经济组织股权、河道经营权等农村产权抵质押贷款业务。在国家森林公园全域推广地役权补偿收益质押贷款业务。在龙泉推出基于公益林补偿收益、林地地役权补偿收益等生态权益资产的"益林共富"数字信贷产品,获丽水市数字化改革优秀应用称号。截至2022年末,农村产权融资贷款余额129.9亿元。

七、推进个人侨汇结汇便利化试点改革

青田县成功获批开展个人侨汇结汇便利化试点。发布《侨汇结汇便利化应用工作协调会会议纪要》,明晰侨办、侨联、公安等部门职责分工,增强试点落地工作合力。截至2022年末,已累计办理侨汇结汇便利化信息认证9600万美元、结汇2100万美元,实现青田县侨汇流入同比增长10.2％。

八、推进农业保险创新

创新推出政策性水稻完全成本保额补充保险、生猪"保险＋期货"等业务,获批浙江省首批巨灾保险试点。在景宁县启动新一轮的政府贴息和保费支持、银行贷款、保险提供贷款保证保险服务的"政银保"模式,为低收入农户和薄弱经济村集体提供融资服务。

（本报告由中国人民银行浙江省分行提供）

第十一章 2022年度衢州市绿色金融改革创新工作报告

近年来,衢州牢固树立新发展理念,以数字化引领现代化,不断夯实绿色金融五大工作基石,凝聚政策合力,增强创新动力,突出科技赋能,营造浓厚氛围,多措并举推动绿色金融先行先试,争创示范。

一、标准先行,着力构建绿色金融规则指引体系

绿色金融标准体系是绿色金融的重要制度基础。衢州以《绿色金融术语》《绿色贷款专项统计制度》《绿色债券信用评级规范》等绿色金融国家标准和行业规范为依托,立足实际、先行先试,突出气候、环境和资源三大传统产业绿色转型目标,不断丰富完善绿色金融内涵,建立起包括绿色金融主体、行为、产品、评价等在内较为完善的绿色标准体系。一是建立绿色企业(项目)地方标准,让绿色识别更简单、更便捷。引入ESG评估体系,从企业业务表现、行业表现、环境表现、社会表现、公司治理、资质与荣誉六个维度,提出评价原则和方法,突出产业转型、环境增益、资源节约、污染减排、生态保护等指标的评价权重,金融机构识别绿色资产高效便捷。二是建立绿色金融创新产品地方标准,让创新实践易复制、更长效。不断提升绿色金融改革创新优秀实践案例标准化水平,先后推出安全生产和环境污染综合责任保险服务规范、GEP(生态产品总值)价值实现机制、碳账户金融等一批可复制可推广的标志性绿色金融创新产品标准。碳账户金融被省委、省政府评为浙江省"一地创新全省推广"数字化改革"最佳应用",金融支持全生命周

期生猪绿色养殖模式在全国生猪养殖主产区复制推广。三是建立碳账户核算与评价标准体系,让减碳治碳更精准、更有效。首创覆盖工业、能源、农业(林业)、建筑、交通和居民生活六大领域的碳账户核算与评价标准体系,率先推出企业和个人碳征信报告,助力金融机构精准高效识别和投资低碳资产,推动地方政府精准治碳,企业精准减碳。

二、政策引领,着力构建绿色金融激励约束体系

科学高效的政策激励约束机制是激发绿色金融发展活力的基础。根据《浙江省湖州市、衢州市建设绿色金融改革创新试验区总体方案》确定的绿色金融改革十大任务[①],形成了以《关于加快推进国家绿色金融改革创新试验区建设的若干政策意见》为主导,财政、金融、监管、担保等政策为补充的多层次全方位的"1+N"绿色金融政策体系,为试验区建设提供强有力的政策保障。一是发挥财政政策的激励带动作用。市县统筹设立总规模14.89亿元的四大专项政策资金池。通过财政补助、专项资金等方式支持绿色金融改革和融资畅通工程实施。2022年共安排大科创专项资金6.8亿元,用于落实政策性融资担保体系建设、企业挂牌上市、直接融资、绿色企业绿色项目贴息等。优化财政性资金竞争性存放招标评分体系,加强考核激励,激发金融机构改革创新的内生动力。二是发挥信贷政策的差别引导作用。先后出台《金融支持传统产业绿色转型发展的指导意见》《关于加大绿色项目、绿色企业信贷支持的实施意见》《关于金融支持碳账户体系建设的指导意见》《衢州市人民政府办公室关于深化基于碳账户的转型金融工作实施意见(2022—2026年)》等信贷指导意见,制定《绿色金融纳入双支柱政策框架暂行办法》,构建13项绿色金融综合评价指标体系,其中5个量化指标被央行采纳。强化信贷政策与区域产业政策、环保政策协调配合,引导金融资源重点支持化工、造纸、建材、机械等传统行业的绿色低碳改造。

---

① 十大任务:(1)构建绿色金融组织体系;(2)加快绿色金融产品和服务方式创新;(3)拓宽绿色产业融资渠道;(4)稳妥有序探索推进环境权益交易市场建设;(5)发展绿色保险;(6)建立绿色信用体系;(7)加强绿色金融的对外交流与合作;(8)构建绿色产业改造升级的金融服务机制;(9)建立绿色金融支持中小城市和特色小城镇发展的体制机制;(10)构建绿色金融风险防范化解机制。

三、创新驱动，着力构建绿色金融产品服务体系

创新是引领绿色金融发展的第一动力。围绕农业和工业绿色转型两大主线，综合开展绿色信贷、绿色保险、绿色债券、绿色基金等金融产品和服务创新，重点满足传统产业污染防治、技术改造、产业升级资金需求。一是绿色信贷大幅增长。创新碳账户金融产品40款，发放全国首笔工业企业碳账户、农业碳中和账户、个人碳账户贷款，探索绿色金融推动低碳转型发展路径；创新全省首笔活体抵押贷款，填补传统养殖业融资空缺；创新50余种节能节水环保贷、循环经济贷、生态修复贷等产品，支持资源利用、清洁生产、生态保护等领域；创新环境权益融资工具，解决环境权益抵质押的合规问题。二是绿色保险引领全国。成立全国首个绿色保险产品创新实验室，以"专营＋专研"模式完善绿色保险组织架构，首创多个惠企惠民产品。首创用电营商环境综合责任险，惠及企业8524家，盘活流动资金10亿元；首创生猪保险与无害化处理联动机制，创新推出农粮保、毛竹价格指数险、清水鱼养殖险等覆盖农林渔牧等多领域保险产品；建立全省首个涵盖33个监管指标，涉及社会经济、绿色保险等5个维度的绿色保险指标体系，科学评价绿色保险社会治理水平。三是直接融资增量扩面。以"两高六新"[①]企业为重点，推动绿色企业上市、定增、发债，对接多层次资本市场。首发绿色公司债和非公开绿色公司债券，发行浙江省首单以地级市水务收费收益权作为基础资产发行的资产支持票据。截至2022年，新增上市公司3家，过会待注册2家，近2年新增上市公司数居四省九市第1，总数将达16家。上市公司市值1549亿元，同比增长15％，高于全省平均25个百分点。非金融企业直接融资达314.3亿元，同比增长47％。

四、科技赋能，着力构建绿色金融设施支撑体系

科学技术是推动绿色金融改革创新的主要力量。衢州深入运用大数据、云计算、人工智能等各类科技手段赋能金融服务，实现绿色信用信息共

---

① 两高六新：高成长、高科技，新经济、新服务、新能源、新材料、新农业、新模式。

享共建、银企高效对接、绿色政策精准匹配,绿色风险预判分析等,夯实绿色金融发展基础。

一是打造绿色金融服务信用信息平台。建设衢州市绿色金融服务信用信息平台(衢融通),采用数据直调模式,丰富功能模块,上下贯通省市三大数据信息平台①,实现八大"互联网＋"主体功能②,成为衢州金融业发展的加速器,实现银行业务流转"无纸办",老百姓金融服务"一证办",绿色企业(项目)"线上评",企业融资服务"线上办"。截至2022年末,平台累计获贷企业13193家,完成融资对接3.6万笔,共计1874亿元。电子证照查询次数306万次,小微企业线上申贷获得率高达93.31％。

二是全国率先构建碳账户平台。围绕工业、能源、农业(林业)、建筑、交通和居民生活六大领域碳账户,贯通六大类数字平台③,汇集1453个字段近3.5亿条数据,形成碳达峰统计监测、碳账户金融、节能降碳一本账(能耗双控)、交通碳达峰、碳普惠、碳足迹在线核算、碳科技七大主场景,实现碳账户数据采集实时化、核算评价线上化、集成应用多元化。截至2022年末,碳账户已覆盖全市2766家工业企业、1000家种养殖大户及有机肥生产企业、98家能源企业、129家建筑主体、73家交通企业、215万户社会居民。首创碳征信报告。通过归集碳账户碳排总量、强度、贴标结果等重要指标,创新建立企业碳征信报告,经报告主体授权后,供金融机构查询和使用,为其低碳信贷和风险管理提供权威数据支持。截至2022年底,已上传3003家企业碳征信报告、215万户居民的个人碳报告。

五、凝聚共识,着力营造绿色低碳发展理念

绿色低碳发展的实现不仅在于政府和企业,也在于我们每一个人。全面贯彻落实"绿水青山就是金山银山"理念,强化企业社会责任履行,倡导绿

---

① 三大数据信息平台:全国中小企业融资综合信用服务示范平台、浙江省金融综合服务平台、浙江省企业信用信息服务平台。

② 八大"互联网＋"主体功能:信用征集、信贷超市、信用增进、政务便民、智慧信贷、绿色金融、金融监管、风险防控八大功能。

③ 六大类数字平台:衢融通平台、能源综合服务平台、衢州市碳账户平台、碳足迹核算在线系统、金融机构核心业务系统、省人行信用信息平台。

色低碳全民行动,推行绿色低碳生活方式,让绿色成为衢州发展最美色彩。一是加强生态文明宣传教育。深化五水共治碧水行动、清新空气行动,全域建设"无废城市",持续开展"雷霆斩污"行动,多次开展生态环境公众满意度评选活动,提高公众参与度,烘托社会整体的绿色节能低碳氛围,让衢州的水更清、天更蓝、空气更清新。二是倡导绿色低碳生活方式。全国首创个人碳账户,积极推广个人减碳积分在信用贷款、政务服务和民生领域的集成应用。推动个人碳账户与银联云闪付融合发展。试点上线垃圾分类和回收的"零废生活"应用场景,打造共富商城、享家政等碳普惠激励模式,活跃用户数达98851人。三是引导企业履行社会责任。建立突出气候因素的金融机构环境信息披露制度,按季披露报告,银行机构全覆盖,通过强化银行投融资社会责任,倒逼企业绿色低碳发展。开展基于碳账户的碳效评估模型,创建基于产品产量和相对(绝对)减碳量的两套标准化测算模型,实现金融机构投融资活动碳排放信息精准计量和自动生成。2022年1—12月对672家规上工业企业进行测算,有减碳降碳效果的企业达559家,归因于银行碳账户贷款的相对减排量为12.92万吨二氧化碳,绝对减排量为6.59万吨二氧化碳,有效验证了碳账户贷款对于企业低碳转型的促进作用。同时,在全国率先开展火电、钢铁、水泥和造纸四个高碳行业的气候风险敏感性压力测试。

(本报告由中国人民银行浙江省分行提供)

第十二章　2022年度湖州市绿色金融改革创新工作报告

2022年,湖州市认真贯彻习近平生态文明思想,坚持"绿水青山就是金山银山"理念引领,以争创全国绿色金融改革创新示范区为目标,围绕绿色金融三大功能、五大支柱,深入推动绿色金融与转型金融有序衔接、绿色金融与普惠金融融合发展。截至2022年末,全市绿色贷款同比增长50.8%,高于全国平均12.3个百分点;占全部贷款比重达27.7%,高于全国平均17.6个百分点,居全省第1位。2022年湖州绿色金融主要举措如下。

一、聚力"双碳"目标,推动绿色金融与转型金融有序有效衔接

一是坚持规划引领,率先构建区域转型金融发展路线图。出台全国首个《构建低碳转型金融体系的实施意见》,以碳密集行业低碳转型、高碳高效企业发展、低碳转型技术应用的金融需求为重点,确立了制度标准、激励政策、产品服务等7项重点工作。湖州转型金融相关经验做法被写入2022年G20可持续金融工作组成果报告,并作为全国两个典型案例之一向国外推广。

二是坚持标准先行,率先制定转型金融支持目录。针对转型活动识别难题,印发《转型金融支持目录(2022年版)》,确立了转型金融支持的九大行业、30项细分领域。参照各行业碳达峰碳中和实现技术路径、国家重点节能低碳技术推广目录,将更多低碳转型技术和先进工艺纳入转型金融支持范围,形成首批57项低碳转型技术路径。

三是坚持落实落地,创新推出转型金融产品服务。用足用好人民银行碳减排支持工具,累计落地16.92亿元,为具有显著碳减排效益的19个项目提供低成本融资,带动项目年度碳减排量约25.78万吨。印发《转型金融支持项目清单》,列明项目实施主体、预计建成时间、低碳转型技术或路径、预期转型目标,推进银项对接。出台《金融支持湖州市工业碳效改革的实施意见》,引导金融机构创新推出工业"碳惠贷""碳效贷"等21款产品,并将贷款利率与企业减碳效果挂钩,累计发放贷款168.16亿元。

四是坚持闭环管理,率先建立转型金融监测机制。按季度监测金融支持企业和项目转型的情况。企业方面,综合转型金融支持目录、工业企业碳效评价情况及近两年企业碳排放强度等,形成监测企业清单共62家。项目方面,主要聚焦全市转型项目清单做好监测。监测显示,2022年末,全市金融机构对首批62家清单内企业(两年碳排放强度降低的高碳高效企业)信贷支持15.06亿元,支持10个转型金融项目资金5.6亿元,预计年节约标准煤7.69万吨,减少二氧化碳排放16.24万吨。

二、聚焦共同富裕,推动绿色金融与普惠金融融合发展

一是在绿色普惠产品创新上合力攻坚。引导金融机构聚焦"三农"、小微等领域,将绿色金融标准和原则嵌入,创新开发兼具绿色与普惠特征的金融产品和服务,推出"强村共富贷"等系列产品,用于支持村集体经济做大、村民共富。如农发行湖州市分行支持的南浔区善琏镇"羊光互补"强村产业科技共富项目投放2200万元,获得人民银行碳减排支持工具支持,预计项目建成后每年可发电431.62万千瓦时,节约标准煤1553.82吨,减少二氧化碳等排放约4096吨,可惠及15个村集体和62户105位低收入农民。"强村共富贷"产品入选全国金融支持全面推进乡村振兴十大典型案例。

二是在生态价值转化上打通路径。依托安吉全国首个竹林碳汇交易平台、德清全省首批湿地碳汇先行基地等生态经济体系,指导金融机构构建竹林碳汇"林地流转—碳汇收储—基地经营—平台交易—收益反哺"金融支持体系、德清湿地碳汇金融支持闭环体系,打通"绿水青山"转化为"金山银山"的通道。安吉已累计发放碳汇系列贷款7.61亿元,全县87万亩竹林每年为

农户增收近1500万元,竹林碳汇全链条金融支持做法获时任中国人民银行副行长批示肯定。

三是在推动社会绿色低碳治理上营造氛围。聚焦居民绿色行为,引导金融机构创新推出绿币、碳积分等体系,配套开发低利率的绿色信贷产品,打造绿色普惠生态圈。如安吉农商银行将居民参与绿色循环、绿色出行等数据,通过建模转换为"两山绿币",挂钩增信降费等红利。"两山绿币"客户已达17万个,以其为载体的"绿色信用贷"授信7148万元。德清农商银行推出"绿币公益贷",给予参与公益活动的居民相应的绿币,已发放绿币公益贷1.66亿元。

三、坚持示范先行,全面夯实绿色金融基础设施建设

一是持续完善绿色金融标准体系。推动省金融学会团体标准建设,发起、参与起草《银行业金融机构企业融资主体ESG评价与信贷流程管理应用指南》等3项标准并正式发布。积极推进地方标准建设,参与《碳中和银行机构建设与管理规范》编制。持续开展全市绿色金融发展指数评价,2022年全市绿色金融发展指数为187,较上年提高14。围绕企业碳账户管理规范、农业转型金融标准等行业标准,提出可行性建议13条,促推标准的加快制定和实施。

二是率先上线金融机构环境信息披露系统。基于人民银行绿色金融信息管理系统,集成上线"环境信息披露"功能。衔接《金融机构环境信息披露指南》标准,建立了包括环境相关治理结构等11项内容的标准化披露模板。系统开发了碳排放和碳减排核算工具,联动全市碳核算中心,为金融机构计算自身经营活动碳排放量与投融资活动对环境的影响提供便利。构建系统评价模块,对金融机构信息披露的及时性、准确性、有效性等进行1—5星评价,结果用于全市绿色金融评价、"碳中和"银行建设等场景,实现披露质效提升。

三是迭代升级数智绿金体系。采用PCAF(碳核算金融合作伙伴关系)推荐的基于物理活动获取碳排放数据的方法,开发上线碳核算系统,依据企业用能发票信息倒推能耗数据和碳排放数据"一键生成"企业碳账户,支撑

金融机构信贷业务碳核算。建设全市金融信用信息数据库,迭代升级"绿贷通"平台为"湖州金融信用信息服务平台",全力支撑"碳账户金融"多跨场景等应用,并实现与省级征信平台网络和信用报告的互联互通。推动辖内银行机构加大ESG评价在信贷全流程管理中的运用。如中国银行湖州市分行牵头,成功落地微宏动力系统(湖州)有限公司8亿元ESG挂钩银团贷款,实现了国内首笔纯中资ESG可持续挂钩银团贷款。

四、坚持创新驱动,深化绿色金融赋能经济高质量发展

一是加快推进绿色建筑和绿色金融协同发展。推动绿色建筑、绿色建材和绿色金融高效对接,试点成效获中国人民银行研究局领导肯定,并在人民银行网站刊发。全国率先探索《湖州市绿色建筑评价导则》等地方标准,编制《湖州市绿色建筑和绿色建材政府采购基本要求》。围绕绿色建筑全生命周期,引导银行创新"绿地贷""绿色购建贷"等30余款专项信贷支持产品。创新绿色建筑性能保险,累计落地11单,777.2万元保费可提供风险保障1.19亿元,有效防范绿色建筑建造中的"漂绿"风险。对于居民购买绿色建筑商品住房,给予契税补助与公积金贷款额度。同时,推动银行机构积极对接居民绿色建筑消费需求,给予房贷优惠,引导市场绿色消费。

二是初步构建生物多样性金融服务体系。全国率先印发《金融支持生物多样性保护的实施意见》,建立产品服务、组织机构、激励政策、风险防范、合作交流五大工作体系。鼓励金融机构构建政策支持体系,指导金融机构围绕生态系统修复、生态保护区建设等领域,大力开展业务创新。辖内金融机构提供多项绿色金融服务,支持实现生物多样性保护与循环经济协同发展。12月联合国"生物多样性公约"缔约方第15次会议上,湖州入选"生物多样性魅力城市"并被授予生态文明国际合作示范区的称号。

三是加速绿色金融产品和服务扩容。实施绿色信贷高效配置工程,开展绿色低碳金融产品与服务创新劳动竞赛,挖掘更细分领域的绿色融资需求,引导产品和服务创新。全市累计创新150余款绿色金融产品,16个创新案例被中国人民银行研究局、中国金融学会绿金委、保尔森基金会等收录。

动态编制绿色外汇服务"四张清单"①，开展绿色跨境投融资精准式辅导，加大绿色外汇产品服务供给力度，指导银行对接清单内涉汇企业跨境投融资、绿色企业各类便利化服务155家次、36家次，涉及金额12亿美元、6.2亿美元。

五、深化合作交流，当好绿色金融国际合作中的"湖州角色"

一是探索绿色金融国际经验和国际资源在湖落地。推动湖州银行与亚洲开发银行的全国首单5000万美元中小微企业碳减排项目签约落地，利率2.293％，主要用于支持中小微企业提升工业能效或建筑能效。支持湖州银行参与UNEP FI（联合国环境规划署金融倡议）、中国绿金委、中英环境信息披露工作组等平台发起的可持续发展和气候风险研究。

二是对外输出湖州案例。参与国际国内交流研讨，先后参加全国金融机构环境信息披露研讨会、亚太金融论坛可持续金融发展网络研讨会（UNDP FC4S）、中国社会责任投资高峰论坛、中国绿金委年会等论坛，分享金融机构环境信息披露、转型金融发展等实践经验。借助国家智库，指导改革发展。

三是积极运用理论指导实践。积极参与中国人民银行"PCAF准则与国内标准比较""金融支持绿色消费""绿色建筑投融资"等6项课题研究，提供金融改革理论与实践支撑。牵头组织辖内金融管理部门、银行机构，积极参与绿金委等组织的5个绿色金融课题研究工作，相关研究成果在中国金融学会绿金委年会上发布。

（本报告由中国人民银行浙江省分行提供）

---

① 四张清单：跨境融资重点企业清单、重点进出口企业清单、绿色低碳重点项目清单、工业低碳绿色企业清单。

第十三章 金融支持浙江共同富裕示范区建设

浙江省金融系统坚持以习近平新时代中国特色社会主义思想为指导,全面贯彻党的二十大和中央经济工作会议精神,聚焦服务实体经济高质量发展,以解决三大差距问题为主攻方向,提升对重点人群和薄弱环节的金融服务质效,扎实推进金融助力共同富裕先行。

一、加强顶层设计,落实落细金融支持政策

2022年3月10日,人民银行等四部委与浙江省政府联合印发《关于金融支持浙江高质量发展建设共同富裕示范区的意见》(银发〔2022〕60号),提出九个方面31条金融支持政策,为金融支持共同富裕提供了顶层设计和制度框架。浙江省金融改革工作领导小组从省政府层面统筹推进有关工作,出台《关于落实金融支持浙江高质量发展建设共同富裕示范区意见的通知》(浙金改〔2022〕3号),清单式细化为99项工作任务。人行杭州中支组织开展"共富浙江"金融服务年活动,督促各金融机构完善工作机制,提升工作主动性和协同性,确保各项政策顺利落地。

二、发展科创金融,支持经济高质量发展

开展科创金融服务提升专项行动,推广"浙科贷""人才贷"等科技创新专属金融产品,落实落细科技创新再贷款政策,2022年全省科技服务业贷

款余额增长 25.4%。杭州、嘉兴科创金融改革试验区获国务院批复同意,两地制定出台相关政策支持文件,通过财政奖补、风险补偿、保费补贴等方式强化科创金融激励机制,重点推进科创金融专营机构体系、投贷联动等模式创新。

三、创新小微金融服务模式,助力缩小收入差距

普惠小微贷款支持工具落地金额居全国前列。推动金融机构建立金融服务小微企业"敢贷愿贷能贷会贷"长效机制,开展小微企业和个体工商户信用融资破难、"首贷户拓展行动"等系列活动。2022年全省新增小微企业"首贷户"11.9万户,17.3万户市场主体通过"贷款码"获得融资 4554 亿元,"贷款码"融资服务模式入选浙江省建设共同富裕示范区最佳实践。

四、推进农村金融发展,助力城乡区域协调发展

出台《关于金融赋能山区 26 县跨越式高质量发展助力共同富裕示范区建设的实施意见》,组织山区 26 县人民银行出台金融支持"一县一方案"。2022年,全省涉农贷款余额同比增长 19.6%,高于全部贷款增速。迭代升级浙江省企业信用信息服务平台,推进与地市平台互联互通。丽水获批国家普惠金融服务乡村振兴改革试验区,创新推出了域外"两小"平台、智慧菇城等数字普惠金融模式。

五、拓展跨境金融服务,推动高水平对外开放

实施汇率避险三年行动,推广政府性融资担保汇率避险政策,累计为市场主体节约资金占用成本超 4 亿元。宁波北仑跨境贸易投资高水平开放,杭州、宁波海外人才用汇便利化,温州、青田个人侨汇结汇便利化,高新技术和"专精特新"企业跨境融资便利化,本外币一体化资金池业务等5项试点落地,实现"推得开、管得住、效果好"的目标。支持浙江自贸试验区金融创新,开展跨境人民币"首办户"拓展行动,累计拓展"首办户"超过1万户。

2022年,全省跨境人民币结算量1.4万亿元,增长22%。推广跨境金融服务平台,累计为近8000家企业办理出口应收账款融资超过250亿美元。

六、提升基础金融服务水平,促进公共服务均等化

拓展农村金融服务站功能,实现小额取款、转账、缴费、金融知识普及等基础服务全覆盖。扎实推进数字人民币试点,2022年,全省数字人民币钱包开通2421万个,交易金额达1104亿元,政务服务、公共出行、文旅消费等应用场景不断扩面,促进实体经济和民生服务降本提效。持续改善对老年人等群体金融服务,推动省内19家法人银行全部完成移动金融客户端应用软件适老化改造,组织对7600余户老年人重点使用场景的商户开展受理银行卡改造,银行卡受理率提高至80%,线上与线下结合推动无障碍金融服务建设。

七、深化绿色金融改革,推动生态文明建设

打造全省统一的金融机构环境信息披露数字化平台。深化"碳账户金融"多跨场景建设,实现碳账户金融全省贯通。在全国率先建立排污权抵押和质押并行的贷款操作指引,支持符合条件的绿色领域企业在银行间市场发债融资。指导试验区率先发展转型金融,湖州发布全国首个区域性转型金融发展路线图,衢州"碳账户金融"亮相联合国气候变化大会。台州搭建全国首个普惠绿色金融应用场景"微绿达",研制普惠绿色金融标准《小微企业绿色评价规范》。

（本报告由中国人民银行浙江省分行提供）

第十四章　注册制下提高上市公司质量的思考

提高上市公司质量是党中央、国务院从战略和全局高度作出的重大决策部署。党中央、国务院一直高度重视资本市场发展,资本市场在金融运行中具有"牵一发而动全身"的作用。习近平总书记亲自谋划、部署和宣布资本市场多项重大改革,如设立科创板并试点注册制、深化创业板改革、设立北交所等。近年来,证监会贯彻落实习近平总书记关于资本市场一系列重要指示批示精神,将提高上市公司质量作为深化资本市场改革的重中之重,印发《推动提高上市公司质量行动计划》,抓实抓细国务院《关于进一步提高上市公司质量的意见》(国发〔2020〕14号)落地工作。

浙江省委、省政府忠实践行"八八战略""凤凰行动"计划及其2.0版、推动上市公司高质量发展、浙江高质量发展建设共同富裕示范区等一系列重要战略部署,为浙江实现中国特色社会主义共同富裕先行和省域现代化先行提供资本力量。但同时也要看到,上市公司高质量发展仍面临较多基础性问题制约,公司治理虽有改善但深层次问题仍未能得到有效解决,打击防范财务造假、占用担保等长效机制有待健全,监管手段、协作机制、监管效能等亟须优化提升。注册制下,在提升上市公司数量的同时,进一步提高上市公司质量,是推进浙江经济高质量发展不断走向纵深的应有之义。

一、提高上市公司质量对促进浙江经济发展和结构转型意义重大

（一）上市公司数量稳居全国领先地位，且后备丰富

浙江企业勇于利用资本市场，特别是注册制实施以来，浙江省上市公司数量飞速增长。全省境内上市公司总数从零到破百历时16年，从400家增至500家历时3年，从500家跃升至600家仅用了1年零2个月（见图14-1、图14-2），这是多层次资本市场建设成效在浙江的直接反映，也是浙江经济高质量发展不断走向纵深的生动体现。

这一过程中，一大批龙头支柱企业形成，带动产业链上下游发展。同时，有不少上市公司成为细分行业龙头、行业"隐形冠军"，"2022中国企业500强"中有46家是浙江企业（其中25家上市公司），实体经济"基本盘"地位更加凸显。

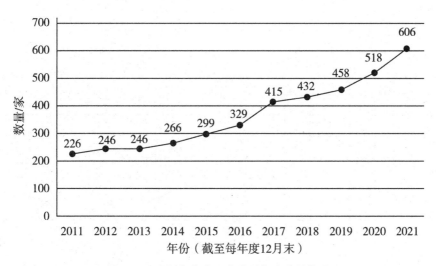

图14-1　浙江省境内上市公司年度总量情况

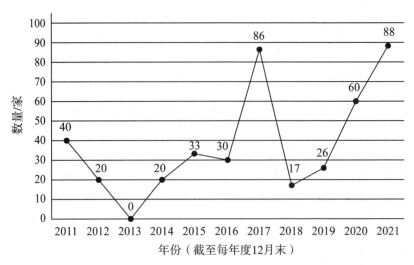

图14-2　浙江省境内上市公司年度新增数量情况

截至2022年11月底①,全省共有境内上市公司644家,在各省份中位居第二,仅次于广东省(见图14-3)。分板块看,主板440家、创业板152家、科创板41家、北交所11家,分别位居全国第二、第三、第五、第五。

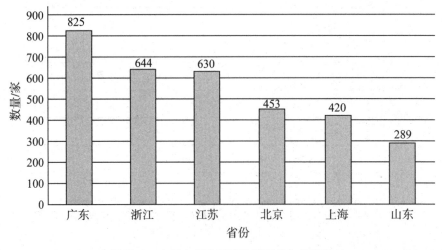

图14-3　全国上市公司数量排名前六的省份

2022年1—11月,全省IPO新增上市公司43家,占全国新增总数的11.81%,位居全国第三,仅次于江苏省、广东省。其中1—11月,全省新增上市申报企业108家,数量居全国第一,创历史新高。

---

① 数据来源:浙江证监局历年《统计月报》、wind金融软件。

（二）上市公司对全省经济贡献较大，且持续增强

一是2021年浙江省上市公司营业收入占全省当年GDP的58.10%；营业利润占规上工业企业利润近一半；缴纳税费1826.91亿元，占全省税收收入的近五分之一，成为浙江调结构、稳增长的中坚力量。其中，制造业上市公司457家，占比75.79%，浙江制造业大省特色凸显。二是2021年度浙江省实体上市公司研发投入占营业收入的比重为3.38%，高于全省规上工业企业（2.75%）和全国上市公司平均水平（2.5%）；上市公司研发投入规模比三年前翻一番，成为创新要素集成、科技成果转化的生力军。三是上市公司对科技创新的引领作用不断增强，有力促进科技与资本相融合。截至2022年11月底，全省科创板、创业板上市公司中近4成为"专精特新"企业。全省新兴战略行业上市公司共119家，同比增长近六成。

（三）上市公司利用资本市场做大做强，且意识较强

浙江省上市公司2017—2021年新增融资28309.18亿元，是此前五年的5.6倍。资本市场并购重组主渠道作用不断强化，通过高质量并购融资实现提质增效，营业收入和净利润均有较大增长，助推经济增长新动能进一步聚集。浙江上市公司2017—2021年并购重组金额4207.42亿元。2022年1—11月，浙江118家上市公司实施并购重组162次，涉及金额421.2亿元，金额是上一年同期的1.1倍。1—9月，全省上市公司共实现营业收入3.5万亿元，同比增长13.9%。此外，市场化的激励约束机制不断完善，全省上市公司共实施股权激励百余单，有效促进资本与劳动利益共同体的形成，推动人才聚集和科技赋能。

注册制以来，科创板和创业板上市公司的融资规模增长较快。2021年，全省境内上市公司新增融资2172.86亿元。其中，试点注册制的两创板块首发融资总额增长明显，2021年新增的47家两创公司合计融资达357.31亿元，占全部首发融资额（683.09亿元）的52.31%，占比较上年提升15个百分点。2022年1—11月，两创板块上市公司首发融资占比达80.1%。

二、数字普惠金融的"浙江探索"

整体来看,浙江上市公司还存在发展区域发展不平衡、总体体量较小、抗风险能力较弱等问题,上市公司质量仍有待进一步提升。

(一)全省分布不均,资本市场发展相对不充分

从地域上看,浙江各地市均有境内上市公司,但全省90个县(市、区)中仍有13个县区境内上市公司尚未破零,在助力共同富裕示范区建设中仍有较大空间。从区域分布看,杭州市、宁波市、绍兴市上市公司数量位列辖区前三,分别为212家、112家、75家,合计占全省上市公司总数的62.0%。

从结构上看,浙江企业在科创板、北交所上市方面仍是短板。2019年科创板试点注册制、2020年北交所成立以来,多元化、多样化设置上市标准,为不同发展阶段的企业上市融资畅通渠道。但科创板、北交所上市公司占比不够高、规模相对较小。截至11月底,全省科创板上市公司41家、北交所上市公司11家,占比分别为8.40%和8.46%,均位列全国第五,与江苏、广东、北京等发达省份相比仍有较大差距。同时,科创板业绩相对乏力。2021年,全省科创板公司共实现净利润123.05亿元,同比增长35.02%,低于全国科创板45.5%的增速。2022年上半年,三分之一科创板公司业绩同比下滑。此外,"硬科技"领域、"卡脖子"技术不够多。科创板、北交所上市公司首发上市时平均专利数为12个,仅为全国平均数的一半;研发投入占营业收入比重为6.25%,落后于板块9.59%的平均水平,结构转型潜力不足。

(二)总体体量小,抗风险能力相对较弱

从规模上来看,全省上市公司总体上呈"两头小、中间大"的橄榄形结构,以中小市值企业居多。近年来,浙江涌现出一批以海康威视等制造业龙头企业为代表的上市公司,在安防、化纤、生物医药等细分领域充分发挥"领头羊"作用。但目前浙江头部公司仅有8家,占比在全国范围内相对不高(全国142家)。截至2022年11月底,全省境内上市公司总市值为7.2万亿元,位居全国第三,仅次于北京、广东,占全国上市公司总市值的9.0%;但平

均市值为 112.3 亿元,低于全国 159.9 亿元的平均水平。其中,市值在 500 亿元以上的公司仅 25 家、占比 3.9%;市值在 30 亿元以下的公司有 181 家、占比 28.1%;处在"中间段"的公司超过近七成(见图 14-4)。

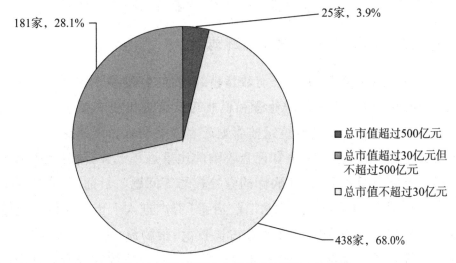

181家, 28.1%　　　　　　　　　　　　25家, 3.9%

■总市值超过500亿元
■总市值超过30亿元但
　不超过500亿元
□总市值不超过30亿元

438家, 68.0%

图 14-4　浙江省境内上市公司总市值占比情况

从全球产业链角度看,浙江省上市公司多集中在产业链的中低端,受宏观经济影响,其利润容易被产业链中高端环节的企业侵蚀,抗风险能力相对较弱。同时,市值低于 30 亿元的上市公司多是某一细分领域特别是制造业领域的"隐形冠军"。由于细分市场容量有限,借助资本市场快速发展后容易遭遇成长天花板,且易受外部环境影响。2022 年 1—9 月,全省 181 家(市值低于 30 亿元)公司共实现归母净利润 69.9 亿元,同比下降 22.2%,净利润下降加剧上市公司生产经营风险。

(三)违法违规行为依然存在,局部风险相对较大

浙江"藏富于民"的特点在上市公司股权结构上也有明显体现。截至 2022 年 11 月底,全省共有民营上市公司 518 家,占比达 80.4%,高于江苏的 72.9% 和广东的 69.6%。目前,全省共有 77 家国有控股上市公司,其中,地方国有企业有 71 家、中央国有企业 6 家。部分民营上市公司及控股股东前期超越自身实力盲目加杠杆扩张,出现高比例质押等风险。同时,部分上市公司出现资金占用、违规担保等违法违规问题。

近年来,在地方政府的支持下,全省风险上市公司和高比例质押公司数量分别较最高峰时减少超过五成和七成。截至2022年11月底,全省仍有风险公司34家,这些公司主要集中于绍兴(10家)、杭州(7家)、宁波(4家)三地,多数为民营企业或者体量较小的公司,主业抗风险能力较弱。

(四)监管手段有限,力量相对薄弱

随着注册制的推进,上市公司数量持续增加,特别是未盈利公司和特殊构架公司数量增加,多元化的业态和模式对监管提出更高要求。一是监管手段有待丰富。如现金并购重组监管缺乏有效手段。由于未达借壳标准的现金收购无需审批,近年来全省现金收购的比重逐年上升,同时也带来大额商誉拖累上市公司业绩、对并购标的管控较弱等问题。目前,日常监管对介入时点较难把握,提前防范"注水"或"有毒"资产进入上市公司缺乏有效的手段。再如部分上市公司境外业务占比较大,货物流、资金流等均在境外,给日常监管和现场检查带来较大难度。二是监管效能亟须提升。注册制下上市公司数量大幅提升的同时,是监管力量的不足。目前,平均每位监管员负责的公司在30家以上,且处于持续增多的趋势,容易"应接不暇"。三是监管协作仍须加强。无论是上市辅导、风险压降与化解、退市监管等,都需要地方政府的理解和支持。

三、进一步提高上市公司质量的思考

党的二十大对资本市场服务实体经济的能力提出了新的更高的要求。上市公司作为资本市场健康发展的压舱石,更需按照新发展阶段的要求,在新的起点上向更高水平更高质量跃进。近期,证监会党委出台《推动提高上市公司质量三年行动方案(2022—2025)》,为下阶段提升上市公司质量工作提供了基本遵循。下阶段,要进一步认真落实习近平总书记关于资本市场改革发展和提高上市公司质量的重要指示批示精神,坚持"建制度、不干预、零容忍"方针,推进上市公司群体结构不断优化,规范运作水平不断提升。

(一)把好"入口关",提升后备企业质量

2019年以来,科创板、创业板试点注册制相继成功落地,大幅提升了资本市场对优质企业的吸引力。在扎实推进股票发行注册制改革的大背景下,后备企业的质量直接关系到企业上市后能否行稳致远。需要坚持从政治上看注册制改革,增强贯彻落实的系统性、整体性和协同性。充分发挥资本市场在金融运行中"牵一发而动全身"的枢纽作用,发挥好资本在资源配置、定价等方面的独特功能,促进资本、技术、人才等诸多要素合理配置和有序流动,尤其要促进要素资源向科技创新领域聚集,推进创新链产业链深度融合。

目前,浙江的科创板、北交所后备企业资源还有挖掘空间。需要进一步了解浙江各地区经济发展状况和优势产业分布,继续深入实施"凤凰行动"计划,加快打造企业上市集成服务"凤凰丹穴"系统,支持"卡脖子"领域、新技术、新产业、关系国计民生的企业上市融资,优先培育和辅导先进制造、绿色低碳、科技创新等重点领域公司。守好科创板"硬科技"本色、明确创业板"三创四新"标准,加强本地创新企业的孵化培育,吸引具有标志性意义和压舱石作用的头部领军企业,从源头上提升后备企业质量。

同时,进一步规范中介机构管理,特别是督促省内证券公司、会计师事务所等中介机构在上市、督导等环节发挥好"看门人"作用,把握好注册制与提高上市公司质量的内在关系,从重视"可批性"向"可投性"转变,选择推荐优质企业,持续督促公司规范运作。

(二)练好"基本功",推动公司提质增效

公司治理是决定上市公司效能的关键要素。2020年12月,证监会开展公司治理专项行动,内容包括强化公司治理内生动力、健全公司治理制度规则、构建公司治理良好生态等。2021年3月,浙江证监局协助中国上市公司协会举办全国首场上市公司治理专题培训班,近百名董事长现场参训、1700多人同步线上培训。全省上市公司对照公司治理自查清单认真自查,建立问题清单和整改台账,共447家公司自查发现问题1053个。截至2022年11月底,整改率已经超过97.7%。经过集中整治,上市公司治理的一批表层显

性问题得到有效解决,治理理念和规范水平持续提升。但是,部分上市公司独立性缺失、三会"形似而神不似"等问题依然存在。需要更加强调治理意识深化,进一步明确控股股东、实际控制人、董事、监事、高级管理人员的职责界限和法律责任,完善规范治理的长效机制。

近年来,浙江不少上市公司积极践行现代企业制度、勇担社会责任。全省上市公司最近三年累计现金分红 2498 亿元,较之前三年增长 69.4%。2022年,全省约有 92% 的上市公司召开业绩说明会,27.7% 的上市公司披露了独立的 ESG(环境、社会和公司治理)报告。需要进一步倡导最佳实践,如对于主业突出、竞争能力强的头部公司,进一步支持其做优做强,发挥示范带动作用。同时,以国企改革为契机,推动国有上市公司更加聚焦主业,防止脱实向虚,推动更多优质资产注入国有上市公司,利用资本市场强链补链延链。营造公平竞争的市场环境,支持民营上市公司通过再融资、并购重组等多种方式稳健发展。此外,以深入实施"凤凰行动"计划 2.0 版为契机,进一步发挥好私募股权和创投基金支持创新的战略性作用,共同助力浙江企业做大做强,真正实现可持续发展。

(三)提高"续航力",维护市场良好生态

以注册制改革为牵引,积极推进监管转型与监管能力提升。在日常监管中,聚焦"关键少数",传达监管要求、宣讲违法违规案例。特别是针对注册制改革以来的新上市公司,充分利用好公司上市后的"监管第一课",下发《新上市公司监管告知书》,从信息披露、公司治理、稳健经营、廉洁自律等方面明确具体要求,提高规范治理内生动力。持续优化上市公司监管"工具箱"和"数据库",进一步提升功能便捷性和数据丰富度,真正实现科技赋能。

坚持"零容忍",进一步加大对上市公司财务造假和大股东侵占上市公司利益行为的执法力度,严厉惩处上市公司财务造假、占用担保等违法违规行为,强化对"首恶""帮凶"的责任追究。

畅通"出口关",加快形成优胜劣汰的市场机制。2020年11月,中央深改委审议通过《健全上市公司退市机制实施方案》,再次明确强调健全上市公司退市机制安排是全面深化资本市场改革的重要制度安排。2022年1—11月,A股市场已有46家上市公司宣告退市,是2021年全年的2倍。浙江

2022年1月有4家上市公司退市,创历史新高。目前,公司退市多会面临来自地方政府、公司股东、债权人等各方的压力。需要进一步传递好"应退尽退"理念,做好各部门的退市工作协调。对于"僵尸空壳""害群之马",通过强制退市、主动退市、重组退出等方式坚决推动市场出清,促进浙江上市公司整体结构优化。

此外,更好发挥投资者保护基金和中小投资者服务中心的作用,丰富代表人诉讼、代位诉讼、示范判决等实践,切实保护投资者合法权益。

(四)画好"同心圆",凝聚多方监管合力

2020年11月,经浙江省政府同意,浙江证监局联合浙江省地方金融监管局印发《关于推动上市公司高质量发展的实施意见》。通过倡导健康的资本市场文化、探索设立上市公司高质量发展示范区、建立市县政府领导对存量风险上市公司的定点联系机制等举措,着力提升浙江板块的引领作用。2021年以来,浙江证监局联合省金融监管局,组织11个地市召开合作监管会议,共同研究推动风险化解,支持上市公司高质量发展;与省国资委签署合作备忘录,联合召开国有控股上市公司高质量发展专题座谈会,共同推动国有控股上市公司发挥示范引领作用。

需要持续深化地方政府、监管机构、交易所等各方之间的监管协作,巩固深化"共建、共治、共享"的工作格局。通过座谈调研、风险通报、个案会商等多种方式,建立健全联防联动、高效协作的工作机制,进一步提升监管合力。在风险压降与防范方面,继续落实好金融风险化解"党政同责"要求,完善各部门之间的风险通报机制,高度重视涉案、头部以及重点敏感公司的风险防范,打好风险压降的"攻坚战",守住不发生区域性金融风险的底线。

(本报告由中国证监会浙江监管局提供)

咨询要报

第十五章　关于数字金融发展缩小城乡差距的问题与建议[①]

数字金融主要借助数字技术,服务于因缺乏信用信息导致金融服务较难覆盖到的农民、个体户和小微企业等主体,通过影响上述主体的借贷行为进而影响其收入,因此数字金融发展对于缩小城乡收入差距具有重要作用。这方面的理论研究已经取得重要进展,但通过大数据分析对数字金融缩小城乡收入差距进行实证研究,进而深入揭示数字金融发展缩小城乡收入差距的作用机制的研究目前还是空白。

近年来,浙江大学金融研究院课题组与蚂蚁集团展开深度合作,运用网商银行与772个县级政府战略合作和县域首次贷款的独特数据,并以深度访谈和问卷调查作为微观补充,全面系统地考察了中国1700余个区县中数字金融对缩小城乡收入差距的影响。研究表明:(1)数字金融发展为农民创造就业机会和提高农民收入,有效缩小了城乡收入差距;(2)缓解流动性约束和赋能全链条金融是数字金融发展在缩小收入差距方面的主要作用机制;(3)数字鸿沟过大和经营信贷不足也使得数字金融发挥影响面临瓶颈。

基于上述研究,课题组提出加快数据确权进程、引导管控平台利率、坚持"沙盒＋穿透式"监管并举、鼓励金融机构错位竞争以及进一步挖掘数字红利等五个方面的政策建议。

---

① 本章内容是浙江省新型重点专业智库——浙江大学金融研究院的AFR咨询要报成果,执笔人为浙江大学金融研究院常务副院长王义中教授、浙江大学金融研究院副院长章华、浙江大学经济学院博士研究生林溪。

一、数字金融发展缩小城乡收入差距的成效与路径

(一)缩小城乡收入比。一是数字金融有助于缩小全国层面的城乡收入差距,且在数字金融发展水平越高的省份城乡收入差距越小。根据课题组测算,随着数字金融的发展,全国城乡收入比由2015年的2.73下降至2021年的2.50(见图15-1),而在江苏、浙江和上海等数字金融发展排名前列省份,城乡收入差距缩小表现同样排名全国前列(见图15-2)。二是数字普惠金融业务下沉有效缩小了县域城乡收入差距。截至2020年,以网商银行为代表的互联网银行与涉农区县开展的战略合作有效满足了农民信贷需求,合作县数字普惠信贷在信贷总额中的占比是未合作县的1.84倍,城乡收入差距收敛速度比未合作县高出约0.5%[①]。

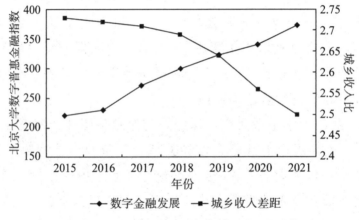

图15-1　全国数字金融发展与城乡收入差距[②]

①　数字信贷和问卷访谈相关数据均由网商银行提供,本章的结论均经课题组整理测算得到。

②　数据源于国家统计局和中国数字普惠金融指数,图表为课题组绘制。

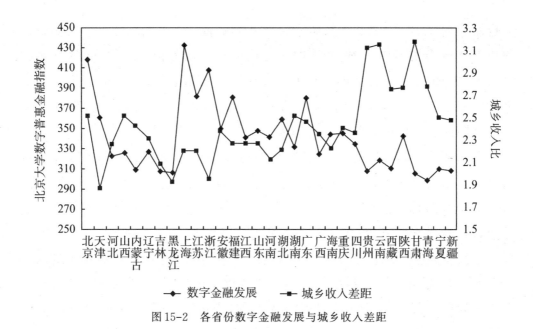

图15-2　各省份数字金融发展与城乡收入差距

（二）创造就业和收入。一是数字金融直接增加了新型农业经营主体的信贷供给。而信贷供给的增加有助于实现资本和技术溢出、提高农业生产率、增强农户生产经营能力、带动农户就业。例如，2022年广西博白县8户种植大户借助数字金融，租用流转土地1000亩以上，带动就业1000多人，实现农民土地租金收入1500多万元[①]。二是新型主体通过带动旅游、文化等相关产业发展，为农户创造大量非农就业增加非农收入。例如，在数字金融的支撑下，2021年广东省阳春市涉及的木材、夏威夷果、春砂仁和油茶等种植产业实现产业链延展与升级，创造林业总产值136.5亿元，累计带动就业从业人数7.7万人[②]。

（三）缓解流动性约束。数字金融有效满足了农村居民的生产性资金需求，特别是在缓解农村居民流动性约束方面有三大优势：一是信贷可获得性提高。例如，2020年与网商银行合作的县域首次获得贷款总额平均达到5184万元，是未合作县域的1.73倍。课题组的问卷调查结果也表明，89％的受访者认为与商业银行相比网商银行的贷款产品更容易申请。二是信贷便利程度增强。课题组研究发现，2017年至2020年间与网商银行合作县的

---

① 资料来源：博白县微信官方公众号。

② 资料来源：阳春市人民政府门户网站。

信贷便利程度提高了6.74倍,而未合作县则提高了5.41倍,合作县的信贷便利程度比未合作县高出约25%。三是资金融通成本降低。例如2021年秋收时段,网商银行面向全国800余家合作涉农县域提供15—30天不等的免息贷款;2022年对全国22个省份的100个农产品大县,结合农事节气及生产销售周期,为其提供30天免息贷款。

(四)赋能全链条金融。一是以金融科技平台公司为代表的数字金融利用数字技术构建透明高效的平台,整合上下游企业、技术提供商、金融机构、物流系统和服务公司,系统性优化升级了农村的产业链和供应链网络。二是金融科技平台公司运用区块链技术确保了融通票据的真实性、有效性和可追溯性,强化了银企信任关系,实现核心企业的信用背书对多级供应商同时有效。珠海和遵义共建的东西部农产品供应链贸易平台就是典型代表。该平台利用"区块链＋供应链金融"模式,将遵义的农户、企业和珠海国企深度对接,帮助链上小微企业借助核心企业的信用溢出,获取信贷资金,并加强"产销衔接"以拓宽销售渠道,助力遵义地区的农民脱贫致富。数据显示,依托东西部农产品供应链贸易平台的黔牛产业链累计带动贵州省约7500户31500人致富,其中惠及习水县1500户6300人,脱贫户140户573人。

二、现阶段数字金融缩小城乡收入差距的主要瓶颈

(一)城乡数字鸿沟巨大,数字金融效果受限。2021年,中国互联网普及率达到73%,其中城镇地区互联网普及率为81.3%,农村地区互联网普及率仅为57.6%。相比城镇地区,农村互联网普及率低使农村居民难以接触到优质数字金融产品,导致数字金融的普惠性、包容性和便利性触达度受到限制。

(二)数字红利亟须释放,城乡收敛动能不足。现有研究表明,数字金融使得家庭金融市场的参与率提升约19个百分点,金融资产组合种类增加21.69%,同风险下的投资回报率提高30.17个百分点,然而这类数字红利无法有效触达农村家庭。此外,本团队联合网商银行开展的访谈也表明,80%的农户对于数字金融的认知仅限于贷款产品,很少涉及其他投资类金融

产品[①]。

（三）经营信贷占比有限,创新创业有待激发。2020年,全国金融机构经营贷款余额占全国金融机构贷款总额（剔除房地产贷款）的比重约为41.37%[②]。然而,经营贷款余额占数字金融贷款余额的比重仅为21%,仍有较大的上升空间。课题组的研究显示,经营类数字金融信贷充裕地区创业的需求比匮乏地区高出约11.5%。课题组的问卷调查也表明,分别有34%和14%的受访者表示数字金融贷款满足了其创业和企业创新需求。

三、数字金融发展缩小城乡收入差距的对策建议

（一）加快数据确权进程。一方面,要加快数据确权的立法工作,同时尽快制定适用于互联网银行和大数据金融领域的行业制度,规范行业数据确权办法和信息披露准则,将个人数据按照监管要求进行分类打标并明确划分使用途径。另一方面,按照“市场化原则”综合运用信息税、信息使用营业执照、信息共享平台、个人数据账户等方式规范数据使用。

（二）管控引导平台利率。当前,金融科技平台公司提供的数字信贷存在利率相对较高等“普而不惠”现象,过度消费和过度负债问题凸显。建议监管当局对平台利率设置最高上限,进而通过数据确权和数据共享等方式,破除平台公司在信用评估中的数据垄断优势,合理引导其贷款利率下调。

（三）坚持“沙盒＋穿透式”监管并举。采取“沙盒式”监管与“穿透式”监管相结合的方式,以“沙盒式”监管应对互联网银行整体风险,释放数字金融颠覆性创新的潜力。同时以“穿透式”监管把控逐笔贷款违约风险,防范和化解金融风险非理性积聚。

（四）鼓励涉农机构错位竞争。第一,持续加大农业发展银行等政策性金融对高标准农田建设等“三农”重点领域基础设施建设的中长期信贷支持;第二,充分发挥农村商业银行、农村信用社等涉农金融机构深耕农村和服务高效的优势,专注满足农民发展经营的中长期信贷需求;第三,重点提升互联网银行等新型金融机构的数字信贷能力,缓解农户的短期流动性约

---

①　有关金融资产投资组合数据由课题组测算得到。

②　数据来源:中国人民银行发布的《2020年金融机构贷款投向统计报告》。

束,促进农民收入增长。

　　(五)进一步挖掘数字红利。一是加大数字基础设施建设力度,持续提高互联网和移动支付普及率。二是鼓励为生产性活动提供数字金融服务的业务创新,提高乡镇小微经营型贷款市场供给,满足小微主体常规周转和突发性资金需求,激发小微主体的创新创业活力。

　　　　　　　　　　　　　　　　(本报告由浙江大学金融研究院提供)

第十六章 构建公募基金"三方共盈"模式的问题痛点与建议措施①

公募基金已经成为我国社会主义投融资体系的重要参与者,并发挥着如下重要作用:实现人民财产性收入增长的主要途径,扮演促进上市公司内控创新的外部监督角色,以及提升资产价格效率和管控市场风险的重要力量。

然而,在新时代人民财富管理需求升级和全面注册制改革背景下,我国公募基金业发展面临人民储蓄转化基金投资渠道不畅、基金投资长期价值投资理念缺乏、投资工具难以满足绿色理念等痛点问题。

本报告结合研究实证结果,分析上述痛点问题的深层次原因,有针对性地提出培育具有"三方共盈"意识的基金投资者群体、建设以基民利益为核心理念的基金管理人队伍,和树立新时代绿色科学投资理念等三方面九条建议措施。

一、公募基金"三方共盈"投融资模式与当前痛点

基民储蓄投资、基金专业管理和优质企业融资,构成了基金业助力经济高质量发展的社会主义投融资体系。人们将家庭财富和储蓄交给基金公司专业管理人投资,基金发掘 A 股市场优质企业,并以外部监管人的形式,利

---

① 本章内容是浙江省新型重点专业智库——浙江大学金融研究院的 AFR 咨询要报成果,执笔人为浙江大学金融研究院研究员俞彬、浙江大学求是特聘教授金雪军、浙江大学管理学院副教授钱美芬。

用投票权来提升公司透明度、优化内部治理体系,最终实现优质上市公司的经营业绩和长期价值增长,达到上市公司、基金和投资者共享实体经济高质量发展利润的"三者共盈"的理想状态。

然而,现阶段存在如图16-1所示的三大痛点问题,阻碍"三方共盈"理想模式的实现:

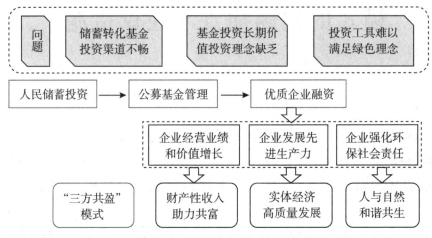

图16-1 公募基金"三方共盈"模式与三大痛点问题

第一,储蓄转化基金投资渠道不畅。通过基金"间接"投资股票的方式越来越受民众欢迎,截至2021年底公募基金自然人投资者总量突破7.2亿人,已经超过同期1.97亿人的个人股票投资者,然而和股民类似,基民也陷入"基金赚钱基民不赚钱"的困境,根据三家基金公司调研报告[①]数据显示,截至2021年3月31日,过去15年,主动股票类型基金年化收益率为16.67%,而对应个人客户的平均收益率分别仅为8.85%,而且正因为基金收益有限,出现不敢投的现象,家庭资产中基金投资占比仅为世界平均水平50%。

第二,基金投资长期价值投资理念缺乏。共同富裕是社会主义的本质要求,而公募基金收益的稳定增长是民众提升财产性收入的重要实现途径。基金的投资具有风控稳健化、组合分散化和行为理性化的特点,在全面注册制背景下,上市公司估值难度、监管难度和股票退市风险增加,专业投资人的优势本应进一步凸显,但现阶段因为基金经理存在散户化交易倾向、择股

---

① 《公募权益类基金投资者盈利洞察报告》,长城基金、富国基金、交银施罗德基金发布。

抱团偏好和短期投资策略等因素,反而产生新的投资风险。

第三,投资工具难以满足绿色理念。随着"绿水青山就是金山银山"理念不断深入人心,基金经理和基金投资者越来越关注绿色环保、社会责任、可持续发展等投资要素。在此背景下,企业ESG评分系统快速推广,ESG投资市场也处于高速发展状态,截至2022年底,我国ESG投资总计约24.6万亿元,但份额最大的依然是绿色信贷,占比85%,而ESG股权类投资仅在起步阶段,根据不同口径统计,截至2022年,规模仅有5000亿至8000亿元,投资产品种类较少,业绩表现也相对较低,极大限制了直接金融渠道的绿色投融资需求。

二、公募基金三大痛点问题深层次原因分析

(一)基民交易行为存在偏差和基金管理费率偏高,导致基民投资收益不高,进而动摇民众投资基金决心,是储蓄转化基金投资渠道不畅的主要原因。

首先,基民交易行为存在偏差。从"股民"转变而来的"基民",将股票投资中的行为偏差带到基金投资之中,并对收益造成了负面影响。蚂蚁基金等联合调查报告显示,60%以上基金经理认为"追涨杀跌""持有时间短"和"交易频繁"是基民收益不及预期的主要原因,三家大型公募基金发布的洞察报告指出,基民的"操作"给收益带来的损耗率接近60%。

其次,基金管理费率偏高。我国基金费用主要包括认购(申购)费率、赎回费率、管理费和托管费等,其年中位数分别在1.2%(1.5%)、0.5%、1.5%和0.25%。基金费用累计侵蚀基民收益超过3%每年,在国际基金业中处于较高水平。以管理费为例,截至2020年底,我国90%以上股票型和偏股型公募基金费率为1.5%,而同期美国公募基金加权费率约为0.54%,仅为我国公募基金费率三分之一。

最后,基金资产占个人财富比例偏低。我国居民家庭金融资产配置比例仅为20%(发达经济体约为40%),基金等权益类资产占比更是不到10%,因而财产性收入占居民总收入不到8.8%。我国基金投资占家庭金融资产比重低,一方面是由于融资体系长期依赖于银行等间接金融的惯性,另

一方面也是基金收益不高和费率偏高消磨了基民和潜在参与者热情。此外,信息不对称、基金售后服务不足、投顾服务不到位等也阻碍了民众储蓄流入基金市场。

(二)基金经理被散户资金驱动存在散户化倾向,并缺乏与基民利益一致性的薪酬机制约束,是基金投资长期价值投资理念缺乏的主要原因,而基金经理年龄结构过于年轻化则加剧了上述负面影响。

首先,基金经理存在散户化交易倾向。截至2022年,个人基金投资者持有股票基金份额69.93%,占据主导地位,基金经理也被散户流量驱动和交易习惯影响,从而呈现散户化倾向,存在羊群行为、抱团、频繁交易、投机等"散户化"交易行为。以交易频率为例,2020年我国股票型和偏股型基金整体周转率为223%,而1984年至2017年美国股票型基金的平均年换手率仅为57%。

其次,基金公司薪酬激励导致管理人基民利益不一致。由于基金经理的薪酬和管理规模挂钩,基金为了吸引更多资金流入,从而持有部分市场追捧的热门股票,这些股票可能早就因为情绪推动处于严重超买的情况,进而造成该类股票价格泡沫形成,最终导致"基金经理赚钱而基民不赚钱"的异象。

最后,基金经理年龄结构过于年轻化。随着基金业的快速扩张,对基金经理的需求也不断增加。Wind数据显示,截至2022年底,中国基金市场上有超过3300多位基金经理,管理经验在3年以下的新手基金经理约有1700位。新手基金经理由于"职业忧虑",急于在任职初期获得突出的业绩,而表现出更为激进的投资行为,最终给基金业绩带来了负面的影响。

(三)投资工具难以满足绿色投资新理念

绿色基金规模有限和绿色评分标准不完善,是绿色投资工具难以满足绿色投资新理念的主要原因,而绿色投资基金收益优势不显著进一步限制了绿色投资工具的发展。

首先,绿色基金规模有限。从基金数量和规模上看,截至2022年底,纯ESG主题基金存续仅有30只、总计规模为134.82亿元,且存在投资标的集中、参与者以机构投资者为主而个人投资者关注不足等特点。即便将"泛

ESG基金"(持有良好CSR/ESG表现上市公司的基金)纳入统计,相关基金数量也只有392只,总规模5400亿元,仅占我国公募基金27万亿管理规模的2%,相较于全球ESG基金2.3万亿美元总规模,也仅占3.5%左右。

其次,投资标的绿色评分标准不完善。我国现有CSR或ESG披露机构主要包括华证、润灵、Wind以及和讯等,但这些评分系统并没有一个统一标准,导致得分科学性和客观性存在不确定性,且评分的覆盖范围和更新频率也存在较多缺陷。由于带有"社会责任"或"ESG"标签的上市公司和基金通常能获得更多投资者关注和政策优惠,因此基金公司可能通过评分系统漏洞,将自己包装成CSR或ESG公司或主题基金,而产生"漂绿"行为,进而导致基金实质性绿色投资程度受到投资者质疑。

最后,绿色投资基金收益优势不显著。一方面,研究结果显示投资者能通过投资标的绿色表现,衡量企业信息披露质量,为消除股价崩盘风险带来前瞻提示,而且CSR或ESG评分越高的公司,往往具有更好的经营业绩,因而绿色投资基金有可能获得更高的风险调整后收益。另一方面,参与绿色活动也会造成额外费用成本,进而对投资该类公司的基金表现产生负面影响。2022年,我国30只纯ESG产品中仅有3只实现正收益,最高收益率为3.39%,其余产品均亏损,最大单个基金跌幅达27.46%,绿色基金整体较低业绩表现,阻碍了投资者进一步的参与热情。

三、改进措施与建议

针对我国基金业现状和存在的主要问题,监管层、基金公司等金融从业者和基金投资者应该形成合力,通过培育具有"三方共盈"意识的基金投资者群体、建设以基民利益为核心理念的基金管理人队伍和树立新时代科学绿色的投资理念,扎实推进基金业高质量发展,以适应实现共同富裕新要求、切实满足人民日益增长的财富保值增值需求,并赋能助力"绿水青山就是金山银山"理念的贯彻实施和"双碳"目标的实现。

(一)培育具有"三方共盈"意识的基金投资者群体

首先,培育基金投资者"三方共盈"意识。全面加强基金投资者教育,纠正基金投资者短期低买高卖、跟风炒作的错误投资思想，明确各类投资行为偏差对基金收益的负面影响，鼓励投资者使用科学创新的投资策略，在充分了解自身风险需求基础上，合理选择与投资目标适配的基金产品。以更加自律和理性的方式进行投资，引导投资者长期投资，塑造"三方"共享公司发展成果的科学投资意识。

其次，畅通民众储蓄投资基金渠道。加大基金业监管力度，提升基金管理透明度，借《证券投资基金法》重启修订之际，强化基金投资的普惠属性，促进代销行业充分开展市场化竞争，摆脱金融贵族形象，畅通民众储蓄向投资转化的投资渠道。优化基金各类费用设计，如收费由前端收费向后端收费转变，并给予长期投资资金大幅度费用减免和优惠，引导投资者长期投资。

最后，加强与投资者联系，大兴调查研究之风。鼓励加强基金管理人和销售人员与基民的联系，通过定期走访投资者、线上问卷和线下交流等多元调研方式，减少信息不对称、基金售后服务不足、投顾服务不到位引发的问题。大兴基金管理方调查研究之风，用调查研究指导决策，摸清基民的投资需求和投资心理，更好应对个人投资者的投资习惯，并通过沟通引导等方式纠正其投资行为偏差。

（二）建设以基民利益为核心理念的基金管理人队伍

首先，确立以机构投资者为主导的价值投资。发挥基金管理人队伍专业优势和信息优势，形成以公募基金为代表的机构投资者在提高公司治理能力、提升上市公司信息披露质量、促进上市公司的规范运作等方面的重要作用，逐步形成以机构投资者为主导的市场参与主体，消除基金管理中的交易陋习，预警惩戒基金经理人投资中的非理性倾向与行为，确立由被投公司盈利驱动的价值投资观念。

其次，深化基金经理薪酬激励改革。健全长效激励约束机制，落实《基金管理公司绩效考核与薪酬管理指引》，降低基金管理规模对基金经理薪酬的决定占比，将基金公司及其从业人员收入与基金业绩挂钩，较大幅度降低现行管理费率，改变"基金赚钱而基民不赚钱"的普遍现象，并以《公开募集证券投资基金管理人监督管理办法》及其配套规则为基础，形成以保护基金投资者利益为核心理念的基金管理人队伍。

最后,优化基金经理准入监管机制。确保基金公司对新手基金经理有严格的选拔标准和培训计划,加强新手基金经理的职业道德和执业操守教育,适当限制基金公司新手基金经理数量比例。针对人数占比近一半的新手基金经理,建立符合新人职业发展路径的多维度考核指标体系,舒缓职业焦虑以减少其冒险激进投资行为。

(三)树立新时代绿色科学投资理念

首先,增强绿色基金发展机制政策支持。以"绿水青山就是金山银山"理念为思想指导,以"双碳"目标为战略引领,根据《关于构建绿色金融体系的指导意见》《绿色投资指引(试行)》等政策法规文件,不断深入践行基金行业绿色投资布局,从基金层面加强绿色基金的投资目标、治理结构、决策程序、资金投向等机制规范设计,并从监管层面加强对绿色基金的支持,通过实施财政贴息、税收减免、财政奖励等增强基金公司设立绿色基金积极性、提高绿色项目收益。

其次,完善投资标的绿色评分体系。加强与全球ESG评级机构学习交流,建立体现我国市场体制机制特征、行业产业结构特征及主体持续发展能力的绿色指标评级体系,完善企业ESG相关信息披露体系,建立不同行业、区域、阶段的ESG信息披露规则机制,推动ESG披露标准化、提升可靠性,发挥社会主义企业家精神和创新活力,通过创新科技、转型升级和产业引导,为基金投资提供一批优秀的实体经济绿色企业标的。

最后,树立基金基民双方绿色投资理念。使基民充分认识到ESG、CSR等指标在衡量企业信息披露质量和消除股价崩盘风险方面的前瞻提示意义,鼓励个人投资者在考虑收益时,同时兼顾环保和社会责任等因素。通过革新基金投资技术、创新投资工具和降低投资费用,将绿色投资与优秀公司价值的长期成长绑定,进一步保障绿色基金资金安全性、提升投资收益,吸引更多个人投资者参与绿色基金投资。

(本报告由浙江大学金融研究院提供)

第十七章　关于创投行业税收激励政策的建议[①]

　　近年来,在多层次资本市场不断完善背景下,国内创投行业进入快速发展阶段。国家相继出台了一系列对创业投资的扶持政策,其中税收激励政策有效提高了创投市场活跃度。但当前创投行业仍然面临部分税收激励政策欠合理、不适配的问题,因此进一步完善与创投行业发展特点相适应的税收激励政策就显得尤为重要。

一、创业投资成为新经济发展的加速器

(一)创业投资是现代金融的重要组成

　　经济是肌体,金融是血脉。党的二十大报告指出,要健全资本市场功能,提高直接融资比重。全球主要经济体中,美英是典型的直接融资主导型经济,两国直接融资占比分别达到80%和60%左右;而中国则是间接融资型经济主体的代表,直接融资占比多年徘徊在20%至30%区间,同时德日等经济体则居于中间区段。2022年,国内各类股权投资新增投资额为0.99万亿元,占社融总增量的3.09%,占GDP(121.0万亿元)的0.82%[②]。预计

　　① 本章内容是浙江省新型重点专业智库——浙江大学金融研究院的AFR咨询要报成果,执笔人为浙江大学金融研究院研究员洪鑫、浙江大学金融研究院院长史晋川教授、浙江工商大学会计学院副教授刘玉龙。

　　② 数据来源:国家统计局、中国证券投资基金业协会公布数据。

"十四五"期间,以创业投资为代表的股权投资作为现代金融体系的重要组成部分,将进一步发挥支持科技创新和产业结构调整的作用,同时也将迎来新一轮高速增长期。

(二)创投行业助力经济高质量发展

我国经济已由高速增长转向高质量发展阶段,科技创新等重大国家战略持续推进。科技创新具有投资期限长、风险大等特点,对于初创期无抵押和担保的科技企业,创业投资作为直接融资方式,很好地契合了科技企业发展的特点和需求。

2022年3季度末,创投基金新增投资中,前五大行业均为战略性新兴行业,合计项目数量和本金占比超过70％,半导体、芯片类投资增长尤为突出[①]。我国资本市场中小板的60％、创业板70％、科创板80％、北交所和新三板85％以上的上市公司和挂牌企业,全国30多个区域股交中心的几万家挂牌企业,以及成千上万家"专精特新小巨人"企业背后都有股权和创投机构的活跃身影[②]。创业投资为我国战略性新兴产业成长、上市公司培育及"双创"事业发展作出重大贡献,正日益成为我国科技强国的"第一资本"。

(三)创投行业进入快速发展新阶段[③]

十八大以来,新时代的十年是我国创投行业突飞猛进快速发展的十年。我国各类私募股权和创投基金在数量和规模上,都比五年前、十年前翻了几倍甚至十几倍。2022年末,中基协备案的存续私募股权和创投基金共50878只,同比新增5567只,增长12.3％;规模达13.77万亿元,同比增长7.7％。

在各类私募股权和创投基金中,合伙型基金数量和规模占比最高,两者都达到八成以上。其中,个人投资者出资金额及占比持续增长,位居第三位[④]。2021年末,个人投资者在各类基金中合计出资1.27万亿元,同比增加

---

① 数据来源:中国证券投资基金业协会公布数据。
② 数据来源:中国投资协会股权和创投专委会统计数据。
③ 数据来源:本标题下数据均来自中国证券投资基金业协会公布数据。
④ 个人投资者出资金额及占比位于企业(含国有资本)、金融机构(含资管计划)之后。

888.62亿元,增长7.5%,占总规模的10%左右,2022年这一比例则进一步提升到12.3%。

二、税收激励政策赋能创投行业发展

(一)现行创投行业税收激励政策综述

自国发〔2016〕53号(简称《创十条》)^①发布以来,国家对创投行业的政策支持力度持续加大,尤其是在税收激励政策方面。这些政策主要分为两类,第一类是对创投行业整体的激励政策,第二类则是对作为创投基金主要组织形式的合伙企业及合伙企业投资者的相关激励政策。

由于国内私募股权和创投基金多为有限合伙型基金,且个人有限合伙投资者占有相当比重,在此着重盘点分析第二类对合伙企业及其投资者的税收激励政策。国发〔2000〕16号^②及财税〔2000〕91号^③明确对合伙企业停征企业所得税,其生产经营所得比照个体工商户"生产、经营"所得征收个人所得税,同时确立了"先分后税"的合伙人所得税制度。财税〔2008〕159号^④进一步明确合伙企业实现所得,按照合伙比例计算各合伙人应纳税所得。法人合伙人缴纳企业所得税,自然人合伙人根据所得性质分别按照"利息、股息、红利所得"和"个体工商户的生产、经营所得"缴纳个人所得税。财税〔2019〕8号^⑤(简称《8号文》)则明确合伙类创投企业可选择按单一投资基金或创投企业年度所得整体核算两种方式之一,作为自然人合伙人计算个人所得税的税基。若按单一投资基金核算,自然人以股权转让所得和股息红利所得适用20%税率;若按企业年度整体核算,自然人按"经营所得"适用5%—35%超额累进税率。因投资金额普遍较大,若按经营所得计算缴纳个

---

① 国发〔2016〕53号全称:《国务院关于促进创业投资持续健康发展的若干意见》。

② 国发〔2000〕16号全称:《国务院关于个人独资企业和合伙企业征收所得税问题的通知》。

③ 财税〔2000〕91号全称:《财政部、国家税务总局关于印发<关于个人独资企业和合伙企业投资者征收个人所得税的规定>的通知》。

④ 财税〔2008〕159号全称:《财政部、国家税务总局关于合伙企业合伙人所得税问题的通知》。

⑤ 财税〔2019〕8号全称:《财政部、国家税务总局、发展改革委、证监会关于创业投资企业个人合伙人所得税政策问题的通知》。

人所得税,其所适用税率会直接达到最高一档的35％。由此看来,在单一基金核算下,20％税率实质是对"投早、投小"合伙类创投企业的税收激励政策。

虽然国家出台了针对创投行业的一系列税收激励政策,但还存在一些影响和制约创投行业发展的政策合理性和适配性问题,这些问题涉及课税对象、税种、税基及适用税率等多个层面。其中较为突出的就包括《8号文》规定合伙类创投企业的个人合伙人投资所得税率适用"双轨"并行情况,以及20％优惠税率面临到期退出的时效问题。

(二)财税〔2019〕8号文出台背景

在《8号文》出台之前,由于合伙类创投企业收入分配一般金额较大,据财税〔2008〕159号、财税〔2000〕91号等规定,个人合伙人投资者大多适用35％的最高一级税率,叠加合伙企业层面缴纳的增值税等,实际综合税负接近40％,对鼓励高净值的人群参与、支持创投行业发展不利。所以,自2009年起,部分地方政府如北京、吉林、重庆等地先后出台了对合伙类创投企业投资人的税收激励政策①,这些政策均在规定范围内适用20％的税率计缴个人所得税。

2018年8月,部分创投基金接到税务部门通知,须以35％税率补缴过去多年的所得税。国税总局在工作检查中认为上述地方政府推出的针对合伙类创投企业个人合伙人适用20％的税率政策违反了相关法律法规。此举引发创投行业的震动和焦虑,市场普遍认为这将使中国创投行业发展信心受损,使本已承压的创投"募资"环节面临更大的压力,或进一步对国内科技创新企业融资带来严重冲击。面对汹涌的市场舆情,2018年9月国常会决定完善税收政策,确保创投基金税负总体不增。后续,在证券投资基金业协会、投资机构群体与国税总局反复沟通和协调下,《8号文》顺利出台,为创投行业近几年的快速、高质量发展注入了新的活力。

---

① 　这些政策具体包括:北京《关于促进股权投资基金业发展的意见》(京金融办〔2009〕5号)、吉林《关于加快资本市场发展的若干意见》(吉政办发〔2010〕14号)、重庆《关于印发重庆市进一步促进股权投资类企业发展实施办法的通知》(渝办发〔2012〕307号)等。

（三）财税〔2019〕8号文的政策涉及股权投资企业合伙税制的局限性

《8号文》的出台降低了合伙类创投企业个人合伙人的税负压力，是国家维护创投行业健康发展、回应市场呼声的重要举措。

进一步穿透分析，《8号文》可视为在国内合伙税制存在基础局限情况下的过渡性政策。2006年《合伙企业法》修订引入"有限合伙制"，将人合与资合有机统一，但现行税法并未将代表合伙人对外投资的创投企业与专门从事生产经营的合伙企业相区分。同时，现行税制下合伙企业税收定位是"半透明体"，这就导致纳税主体与收入性质定位模糊，具体表现在《8号文》中个人合伙人所适用税率"双轨"并行等方面的问题。

此外，合伙税制部分规定与"税收中性"原则不符，如个人投资人直接投资股权（包括创业投资），投资所得适用"财产转让所得"项目、按20%税率计算缴纳个人所得税，且可扣除与股权取得和转让过程中的合理费用；而通过证券投资基金业协会或发改委登记的合伙类创投企业却要按经营所得，适用5%—35%超额累进税率。又比如，个人投资人通过资管计划参与创投类股权投资，其获取投资收益不会面临企业所得税问题，实际分配中通常也无须缴个税。

三、税收激励政策的优化建议

（一）建议延续《8号文》对个人合伙人20%的税率激励政策

根据《个人所得税法实施条例》第六条第（五）项关于经营所得以及第（八）项关于财产转让所得的规定，创投基金中有限合伙人不直接参与基金事务管理，其入股基金的目的是取得股权转让收益，适用于"财产转让所得"更具合理性。修改后的《合伙企业法》规定有限合伙人不参与合伙企业的任何实质性经营、不执行合伙事务，更偏向于财务投资者属性。而对于从事创业投资的合伙企业，企业更类似于合伙人对外投资的"管道"，从性质和根源上视为股东直接投资更具合理性。综上所述,合伙类创投企业个人合伙人所得税按照"经营所得"适用3%—35%累进税率缺乏合理性,并与现行部分法律和行政法规相关基础理论冲突。

中国经济正处于缓慢复苏期,增长动力相对不足、基础还不牢,也处于科技创新推动经济转型升级关键期。创业投资作为直接融资的重要手段,已成为推动科技创新、"双创"发展,促进传统产业转型升级的重要力量。创业投资行业整体稳定、健康发展至关重要。若《8号文》针对个人合伙人20%的税率激励政策不能延续,必然会对创投行业带来整体冲击,削弱投资机构发展信心,影响高净值个人投资者配置股权类资产的热情,进而传导并影响实体经济的发展。因此,建议《8号文》针对个人合伙人20%的税率激励政策应予以延续并持续完善相关配套税收激励政策。

(二)建议扩大《8号文》适用范围至符合相关标准的私募股权投资基金

《8号文》体现了税制的灵活性,但政策适用主体局限在中基协或发改委完成备案且规范运作的合伙型创业投资基金,一般合伙型私募股权投资基金尚不适用。

实际业务中,很多合伙型私募股权基金虽未注册备案为"创业投资"基金,但经穿透分析,其符合《私募投资基金监督管理条例》(国务院令第762号,以下简称《条例》)及《创业投资企业管理暂行办法》(发展改革委等10部门令第39号)或《私募投资基金监督管理暂行办法》(证监会令第105号)的相关要求和标准。

因此,建议扩大《8号文》相关税收激励政策的适用市场主体至满足上述行政法规和部门规章要求的合伙型私募股权投资基金,具体可要求私募股权投资基金在备案时按《条例》规定标准操作,申报并登记"创业投资"相关属性要素和信息,并据此穿透分析、判断税收激励政策适用性。这样有利于将《8号文》适用对象一定程度上统一于所有符合标准的有限合伙型基金,在扩大适用对象的同时也便于监管。

(三)建议在时机合适、条件成熟时对现行股权投资企业合伙税制进行全面检视和系统性修订

建议针对涉及股权投资合伙企业的征税原则、合伙企业从事股权投资的穿透原则、合伙企业与合伙人在税收主体上的独立性、合伙企业税收扣缴义务、合伙企业与合伙人适用税种衔接等方面加以重新考虑和系统性设计和修订。借助所得性质穿透,将按"单一投资基金核算"改为按"单一投资项目核算",结合个人税制"全面综合纳税"的改革方向就能较好地解决目前过渡性政策背后存在的一些涉及股权投资企业合伙税制的基础性问题。

创投企业在增强科技创新引领方面发挥着日益重要的作用,借助资本市场深化改革尤其是全面注册制正式开启的东风,各类创投机构及旗下基金与广大"双创"企业群体的关系得以进一步深化。进一步建立健全符合中国特色的创业投资基金税制和税收政策体系,完善创业投资基金税收相关的法律法规及部门规章,有助于改善创投行业生态,为资本市场输送更多优质企业,更好地服务实体经济高质量发展。

(本报告由浙江大学金融研究院提供)

第十八章　硅谷银行事件下对浙江省科创金融发展的几点思考①

　　美国硅谷银行(Silicon Valley Bank,SVB)突然倒闭,对全球金融市场和美国的科创行业产生了巨大冲击,引发了业界的广泛关注。硅谷银行为美国第16大银行,是一家专门为科技创新企业提供金融服务的银行,曾为美国30000多家科创企业和700多家投资机构的发展提供了支持,其中不乏Facebook、Twitter②等知名科技公司,一度被视为科创金融行业的标杆,成为浦发硅谷银行、汉口银行,以及省内杭州银行、嘉兴银行等一系列致力于科创金融业务的金融机构所效仿的对象。

　　目前浙江省正在积极探索和深化科创金融改革:杭州市于2023年2月印发了《关于建设现代金融创新高地助力经济高质量发展的实施意见》,提出了建设国家级科创金融改革示范区的目标和方向,包括建设科创金融服务体系、优化产品供给、深化风险分担、提升供应链金融服务等多个方面。嘉兴市则以打造长三角科技成果转化高地和科创金融一体化服务基地为目标,提出了包括市场化、设立科创金融母基金、鼓励银行保险公司成立科创金融专营机构、推广知识产权和投贷联动模式、支持嘉兴银行向科技金融银行转型等在内的一系列措施。

　　如今,作为科创金融标杆的硅谷银行突然倒闭,其背后的原因究竟为何?此事件对于浙江省发展科创金融有何影响?硅谷银行事件发生后,浙

---

　　① 本章内容是浙江省新型重点专业智库——浙江大学金融研究院的AFR咨询要报成果,执笔人为浙江大学金融研究院副院长章华。

　　② 分别于2021年、2023年更名为Meta、X。

江省发展科创金融的战略举措要做哪些调整？本章通过理性分析硅谷银行事件背后的深层次原因,结合前期对浙江省科创金融情况的实地调研,继而提出进一步深化科创金融改革、科学甄别硅谷银行经验教训、跟踪预判与浙江省主导科技产业相关的技术周期以及探索政府市场双轮驱动支持科创金融发展的新模式的四条建议。

一、硅谷银行事件深层次原因分析

总体而言,硅谷银行事件是一家专门从事科创企业金融服务的科技金融专业银行,受到科技产业退潮和美国加息周期影响,其大量存款因投资于持有到期的低风险资产出现亏损,继而引发挤兑而导致其倒闭的金融风险事件,其背后的逻辑如图18-1所示。

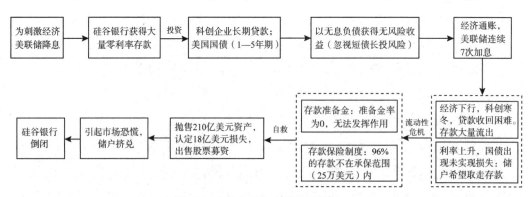

图18-1　硅谷银行事件的逻辑链

硅谷银行事件产生的深层次原因如下:

第一,根本原因是美国经济和科技板块的下行。2022—2023年,美国经济和科技板块出现明显衰退,尤其是与硅谷银行联系密切的风投和创投领域处在萧条阶段,科技板块股价显著下行,2022年美国纳斯达克指数年内跌超30%,科技企业裁员超13万人,美国15家市值最高的科技公司没有一家公司股价产生了正回报。这使得原来为科创企业提供金融服务的硅谷银行贷款需求不足,业务规模缩减,后期科创企业由于融资困难不得不从硅谷银行取款维持其正常经营,客观上造成挤兑压力。

第二,外部原因是美联储"前期超发货币后期激进加息"的货币政策。

为了应对新冠疫情和经济衰退,2020年3月美联储开始推出无限量量化宽松,随后承诺将长时间维持零利率的水平,超发货币导致流动性泛滥。不幸的是,硅谷银行在流动性过剩的环境下大量购入美国国债。随后美联储开始激进加息,到2023年3月美联储累计加息450个基点,导致美债收益率飙升,硅谷银行在流动性宽松背景下大量购买的美债价格出现大幅下跌,埋下了硅谷银行倒闭的伏笔。

第三,内部原因是硅谷银行资产端和负债端都存在较大风险。在资产端,硅谷银行对其资产配置的利率和经济周期变化导致的风险认识和应对不够充分。硅谷银行的存款在流动性泛滥时迅速扩张,截至2022年第二季度,硅谷银行的资产从2019年的630亿美元增加到1900亿美元,其间硅谷银行激进地购入美国国债。但其对后续利率和经济周期的变化准备不足,对期限错配导致的流动性风险缺乏对冲手段。在负债端,由于硅谷银行主要为科创企业提供金融服务,客户结构单一且无法分散,在整个科技行业下行的背景下,大部分科创公司还没有实现盈利,美联储加息后,科创企业融资压力增大,开始消耗原有存款,硅谷银行存款从净流入变为净流出,流动性快速消耗导致金融风险陡增。

第四,直接导火索是资产出售的亏损引发恐慌产生挤兑。随着流动性逐渐枯竭,硅谷银行不得不出售以美债为主的可供出售债券(AFS)资产以换取流动性,当地时间2023年3月9日硅谷银行宣布出售210亿美元的AFS资产,并认定损失18亿美元。这个量级的亏损对于硅谷银行实力而言,本身完全可以承受,但这种自救行为则被市场视为恐慌性的资产抛售和对股权的猛烈稀释。于是硅谷银行出售资产的行为引发了存款挤兑,成为"压死骆驼的最后一根稻草"。

根据以上分析,客观地讲,硅谷银行倒闭主要是因为其银行的风控模式存在较大问题以及金融风险在市场上的传染性。而根据现已披露的公开信息,硅谷银行固有的投贷联动、利用创投机构识别风险、同时开展直接融资间接融资和进行知识产权抵质押创新等科创金融模式并没有出现太大问题。也就是说,硅谷银行倒闭并不是因为其投资的科创企业发生大规模倒闭,导致风险传导到负债端而产生挤兑。因此,不应该简单化地认为硅谷银行的倒闭就意味着科创金融模式的终结。

二、硅谷银行科创金融模式再回顾

总体来看,硅谷银行的主要业务模式包括:向初创企业发放贷款并收取较高利息,并通过协议获取企业部分认股权和期权;由母公司硅谷银行集团持有股权或期权,在企业上市或被并购时行使期权获利;对前景较好的科创企业,会通过风投的方式介入从而获取资本增值。而硅谷银行助力科创企业发展的主要手段有"投贷联动"、通过创投机构识别企业风险、综合运用直接融资和间接融资手段以及开展知识产权抵质押创新。

(一)投贷联动,灵活使用认股权证降低风险损失。硅谷银行在给创投机构提供贷款时会同时索要其投资公司的认股权证,通过这种投贷联动的方式降低创投机构贷款抵押的要求,同时通过认股权证的溢价来弥补超过固定利率的风险,创业公司的每一轮融资都能够为其认股权证带来收益,这也成了硅谷银行现金流来源之一。认股权证在贷款机构缺乏抵押的情况之下能够降低银行的风险,使银行在风投退出时获得一部分超额收益。

(二)通过创投机构识别科创企业风险。硅谷银行在投贷联动时,还需要精准地识别创新企业的风险,这是通过与专业创投机构合作完成的。PE/VC机构是硅谷银行贷款的主要客户,表面上贷款给创投机构是在帮助其进行资金周转,但实际上银行也通过创投机构识别了创新公司的风险,获得了大量科创企业的信息,帮助其更好为创投机构及其所投资的创新企业提供金融服务。

(三)综合运用直接融资和间接融资满足企业需求。硅谷银行集团下设硅谷银行和硅谷资本,同时开展间接融资和直接融资业务。硅谷资本主要开展直接融资业务,而硅谷银行则跟踪服务硅谷资本所投资的科创企业,并支持其发展。比如在其附近设立网点,提供后续贷款、提供银行服务等。硅谷银行和硅谷资本之间又通过服务模式和服务对象的差异来设立风险防火墙,进行信息和业务的隔离,避免风险的传导。

(四)开展知识产权抵押创新。硅谷银行所服务的科创公司通常经营现金流很少甚至有可能为负,具有轻资产的特点,所能提供的贷款抵押品通常包括知识产权等无形资产,在面临公司估值下降时,这些无形资产往往会产生"估值难，变现难"的风险，为了缓解这类风险，硅谷银行创立了一项增信协议（commitments to extend credit）出售给贷款企业和个人：增信协议类似于信用互换——当信贷企业没有违约时，增信协议连本带息偿还；若发生风险时，出售增信协议获得的资金则作为风险补偿，同时为没偿付的增信协议设立专项减值准备。

以上分析充分说明，硅谷银行对于科创企业的金融支持建立在对高科技产业特别是生物医药行业的长期深耕和深刻理解的基础上，其核心竞争力在于识别初创企业的风险并综合运用权益资本和债务资本去匹配初创企业和科技企业的资金需求。就这一点而言，硅谷银行的科创金融模式还是成功的。

三、硅谷银行事件对深化浙江省科创金融改革的启示和相关建议

（一）坚定信心，继续大力推进浙江省科创金融改革。与美国科技产业和科技金融相对发达的情况不同，现阶段我国科创金融在体制机制、市场主体等多方面仍处在起步阶段。硅谷银行作为美国科创金融的行业标杆，曾为3万多家科创企业和700多家投资机构提供了服务。相比之下，浙江省科创金融起步较早、业务开展相对较好的杭州银行，截至2021年6月仅仅服务了约9000家科创企业。根据浙大金融研究院实地调研的情况，浙江省目前的科创金融发展还存在科技企业自身条件弱、成果转化难、金融机构缺乏动力、科创金融的标准制定相对滞后等制约因素。因此，现阶段为应对美国等西方国家在科技方面"卡脖子"的难题和实现中国式现代化的需要，必须积极稳妥地推进科创金融改革，做好科创金融标准制定、科创企业培育、科创人才引进等基础性工作，决不能因噎废食，因为硅谷银行事件丧失发展信心。

（二）扬长避短，科学甄别硅谷银行在科创金融方面的经验与教训。一方面，要继续研究探索科创企业金融支持的市场化手段，特别是在设立专门的科创金融机构、利用创投企业识别行业前景和项目风险、基于知识产权进行金融业务创新（如温州正在试点的基于知识产权的ABS）等方面进行适合国情省情的探索。另一方面，要认真分析硅谷银行破产的原因并吸取教

训,如银行业务聚焦与分散的平衡、资产负债表久期平衡、全球市场及行业的变化、经济进入持续加息周期后的流动性管控等,避免类似风险在浙江省金融机构和科创企业身上重蹈覆辙。特别是,在开展科创金融业务时,为避免行业和客户过度集中,不宜设立只经营科创业务的银行,而是考虑在总行"大盘子"的基础上设立科创金融专营子机构,从而有效避免业务和客户的单一导致的银行流动性风险。

(三)紧盯市场,跟踪预判与浙江省主导科技产业相关的技术周期。充分发挥浙江省高校和之江实验室等创新平台的作用,建立前沿科技跟踪机制并定期开展政产学研各界的交流,密切关注与"互联网+"、生命健康和新材料等浙江省主导科技产业密切相关的技术周期,如高德纳曲线所显示的各类技术的成熟度,并针对不同科技发展的不同阶段,在知识产权保护、人才引进和培养、财政补贴和税收支持方面采取不同的政策措施。特别是,对于与浙江省主导产业关联紧密、技术衰退趋势明显的产业构建相应的预警机制和应对预案。

(四)政府赋能,探索政府市场双轮驱动支持科创金融发展的新模式。硅谷银行事件说明,单靠市场的力量发展科创金融容易出风险,因此必须充分发挥政府的作用,赋能主体的同时积极防范金融风险。因此,要积极培育各类科创主体,组织金融顾问团队向科创企业延伸,解决科创企业的各类实际问题,并推动符合条件的科创企业上市融资。创新政府基金运营机制、建立差异化考核、探索投资容错免责和激励机制,扩大政府产业基金和科创基金规模,引进国内优质基金管理机构,探索推行政府与社会资本"1+N"母子基金投资模式。设立高层次人才创投基金,支持领军型人才创业项目和重大科技产业项目。鼓励和推动创新平台、孵化器等运营主体成立基金,以市场化方式投资创新创业企业,激活浙江省创新创业活力。

(本报告由浙江大学金融研究院提供)

第十九章　硅谷银行事件对我国金融市场的影响及启示[①]

美国硅谷银行这一总资产超2000亿美元、存款超1750亿美元的全美第16大银行,在短短48小时内突然倒闭并于当地时间3月10日被美国联邦存款保险公司(FDIC)正式托管,这一事件震惊了国际金融市场。硅谷银行倒闭的深层原因是什么?该事件是否会造成2008年金融危机时"雷曼兄弟"倒闭那般的连锁反应?该事件对我国的金融市场影响如何?对我国的金融监管有何启示?本章通过理性分析硅谷银行事件背后的深层原因,结合目前国内外的经济金融发展状况和政策环境,对以上问题进行深入分析与讨论。

一、硅谷银行事件深层原因分析

在分析SVB倒闭的原因之前,我们先简单回顾一下硅谷银行倒闭事件的时间线(概括在图19-1中,日期均为美国当地时间)。

————————————
　　① 本章内容是浙江省新型重点专业智库——浙江大学金融研究院的AFR咨询要报成果,执笔人为浙江大学金融研究院研究员、经济学院博士生导师朱越腾。

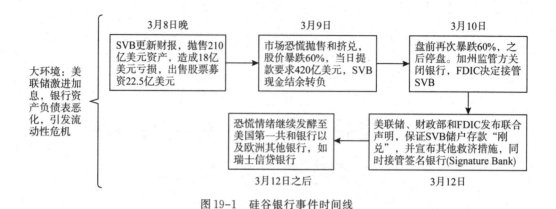

图 19-1　硅谷银行事件时间线

　　总结而言,本事件的大环境是美联储激进加息的货币政策,导致银行资产负债表恶化,引发流动性危机。直接导火索是硅谷银行为了满足客户需求和资产配置需要,抛售可供出售金融资产(AFS),将由于大幅加息导致的账面固收资产的"浮亏"转化为了"实亏",引发市场对其经营状况的担忧与恐慌,从而产生挤兑,最终导致 SVB 倒闭。加息背景下,久期错配导致资产负债表恶化是诸多"短债长投"的银行都会经历的,那么为何是 SVB 倒闭了? 我们认为更深层的原因在于以下三点:

　　第一,SVB 负债来源单一,存款占比高且同质性强,固收资产占比过高,使得资产负债表出现严重的久期错配、流动性错配和风险敞口错配。2020 年以来美联储为了应对新冠疫情采取极度宽松的货币政策,SVB 的资产负债规模急速扩张。负债端,科创公司融资热火朝天,大笔存款持续涌入 SVB,其负债总额从近 650 亿美元增长到 2000 亿美元。但大量存款都是不计息的活期存款,储户多为公司客户,因此只有 3% 左右的存款受到存款保险保护。此外,这些来源于初级科创公司的存款同质性极强,科创行业对融资环境又高度敏感,呈现周期性。随着美联储激进加息,加密货币和数字资产等泡沫破裂,相关科创公司经营出现严重问题,急需资金维持运营,故而在短期内从 SVB 赎回大量存款。资产端,虽然大量存款涌入 SVB,但 SVB 却找不到足够的优质贷款项目来投资,最终投向金融市场。2022 年,SVB 资产的一半以上都是固收资产,贷款不足 20%。2020 年第一季度到 2022 年第四季度,硅谷银行持有的债券余额从 260 亿美元上升到 1200 亿美元,大部分是 AFS 和 HTM(持有至到期投资,主要内容是 MBS——抵押支持证券)。这些固收资产的久期普遍较长,收益率低(加息前购买的)。因此随着联储激进加息,SVB债券投资出现负息差,债券市场价格急剧下跌,出现了未实现的"浮亏"。而储户们(包括风投还有科创公司)又在不断提款,双重打击下引发了上述的流动性危机,直至市场恐慌挤兑造成SVB倒闭。

第二,硅谷银行的风险管理缺失。其实AFS和HTM占比高并不可怕,因为美国有足够深和广泛的利率掉期市场,可以把固定利率转化为浮动利率。债券上的损失,是可以通过衍生品工具进行(部分)对冲的,这也是商业银行常做的事情。一般而言,商业银行面临三个市场风险:流动性风险、信用风险和利率风险。SVB考虑到了前两个却忽略了第三个。国债和MBS的流动性风险和信用违约风险都很低,但利率风险随着美联储的激进加息而激增。SVB本可以选择利率期货或利率掉期来对冲利率风险,但是却没有这么做或者远远不到位,最终产生了巨大的风险。究其原因,这可能与SVB低估了美联储加息的持续时间(从而也导致资产配置决策出现问题)、科创公司融资形式的恶化程度、市场反应的激烈程度以及储户恐慌情绪和心理脆弱性有关。

第三,政府监管失位。硅谷银行风控能力欠缺,且未对大量风险敞口进行对冲,而这些本应该是监管机构应该预警的。美联储货币政策方向扭转过快,对于已经习惯了过去10年低利率环境的金融机构而言,其根深蒂固的行为方式和风控意识短时间内难以调整,导致反应不及时。此时,正需要监管机构注重对这些中小银行的风控监督。而现实情况是,美国的银行实行分档位的差异化监管,硅谷银行在第四档,被允许将累计其他综合收益项目从资本中排除,造成资本充足率"虚高";并且只需每两年自行开展一次资本压力测试,无需监管资本压力测试;监管当局对其流动性覆盖率及净稳定资金比例也没有提出具体要求。正是这些差异化监管导致SVB的实际经营状况与风险水平未被全面、及时且客观披露。此次事件政府有不可推卸的责任。事后,监管部门也认识到了加强监管的重要性,比如听证会上,财政部部长耶伦就表示"未来美国监督部门应该考虑针对未保险存款的流动性要求"。

二、硅谷银行事件对我国金融市场的影响

此次事件是否会产生像2008年"雷曼兄弟"倒闭后那样严重的连锁反应？其对我国金融市场(包括直接融资和间接融资市场)影响又是如何？我们先讨论其对美国金融市场的影响,然后进一步讨论对中国金融市场的影响。

(一)对美国国内金融市场的影响

我们认为此次事件大概率不会在美国国内造成严重的连锁反应,原因如下:

第一,硅谷银行系统重要性弱,外溢性小,且类似SVB的银行并不多。雷曼是处于美国金融体系中心位置的银行,对于整个体系有非常连续性的破坏力。SVB是一个区域性、行业性明显的银行,不处于金融系统的核心位置。硅谷银行和签名银行加起来资产占全美银行业的比重也就1%左右,规模小,且与其他金融机构的业务往来有限,出问题后的直接外溢作用很小。当然也许有人会担心类似SVB的其他银行也会产生相似的流动性危机。据我们了解,类似硅谷银行这样存款占比极高、资产端期限错配严重,未发生损失的大银行并不多见。美国较大的商业银行中,如摩根大通、美国银行、花旗银行、富国银行持有的AFS和HTM占总资产的比重为17%、28%、21%、22%,而硅谷银行超过50%。

第二,SVB事件涉及的底层交易资产(美国国债和MBS)是优质资产,这点与金融危机时期不同。其抛售的底层资产没有根本性问题,因此抛售底层资产—底层资产暴跌—其他银行风险暴露的链条不会成立。

第三,美国整体银行业的流动性水平和大多数银行的资产负债表健康程度良好。首先,从各个指标(如CDS利差、金融条件、货币市场流动性、货币市场利率等)看,当下美国金融市场环境仍较为稳定,暂无"流动性冲击"向"流动性风险"演化之忧。其次,从存贷比、流动资产占比和一级资本充足率看,美国大银行的财务指标都远胜于2008年金融危机时期,总体而言银行系统较为稳健。

第四,FDIC介入及时已隔离部分风险。即便有后续不利情况发生,美联储和财政部也已有较成熟的机制,可确保类似事件不会发生。首先,根据此次的纾困方案,SVB与签名银行所有储户的存款(包括超过存款保险25万美元的部分)都会得到FDIC全额保护,主要由存款保险基金来补偿。其次,美联储创立"银行定期融资计划"(BTFP),用以应对银行业的流动性压力,向银行、储蓄协会、信用合作社和其他符合条件的存款机构提供为期一年的贷款(贷款利率为隔夜利率+10bps),以美国国债、机构债务和抵押支持证券,以及其他合格资产作为抵押品,而且这些资产将按面值法进行估值,而非市值法,即抵押物估值不会受到市场波动的影响,能全额用于抵押。这个举措将极大减少美国其他中小银行应对流动性需求的压力。最后,美国财政部借助外汇稳定基金为BTFP提供250亿美元的资金支持。除了以上措施,美联储和财政部在2008年之后积累了很多向银行系统注入流动性的工具和方法,防范重大风险的能力已经得到加强。

综上所述,此次事件大概率不会在美国国内造成严重的连锁反应,其对美国国内金融市场的影响有限。基于这个基本判断,我们认为其对中国金融市场(从直接融资和间接融资市场2个层面分析)的影响也很有限。

(二)对我国金融市场的影响

首先,SVB事件对于我国以银行为主的间接融资市场难以造成显著影响。原因可以概括为以下三点。

第一,目前国内的利率环境平稳有序,货币政策稳健且精准有力,货币市场利率、债券市场利率近年来均平稳运行。稳定的利率环境为企业提供了友好的融资条件,并且也有利于银行等金融机构稳健地开展业务经营。

第二,从银行资产负债表看,中国银行业不存在类似美国银行的固收资产投资大幅浮亏的问题。这是因为新冠疫情期间我国没有实行"大水漫灌"式的宽松政策,银行业的资产主要投向实体部门,包括政策一直号召重点倾斜的小微企业。伴随着我国经济复苏,资产质量持续优化,银行业总体资产负债表较为健康。根据银保监会公布的数据,2022年第四季度我国商业银行不良贷款率1.63%,拨备覆盖率205.9%,分别较2020年新冠疫情时期的峰值改善0.33个百分点和25.96个百分点;2022年末商业银行资本充足率

15.17％，继续保持较充裕的水平。

第三，从流动性层面看，根据银保监会公布的相关数据，2022年末我国银行流动性比例62.8％，从2019年开始一直稳中有升。流动性覆盖率147.4％，在监管要求基础上保持了合理的安全垫水平。银行业存款总体平均增速维持在10％以上，负债端平稳，不存在存款流失导致的流动性问题。

这里需要单独提及的是对于浦发硅谷银行的影响。该银行成立于2012年8月，是一家在中国境内注册的法人银行，拥有规范的公司治理结构和独立经营的资产负债表。硅谷银行在2012年浦发硅谷成立时持有50％的股份（另50％是浦发银行），因此此次事件相当于浦发硅谷银行的一个股东倒闭了，相关股份可能会卖给其他美国公司。但是业务经营方面，浦发硅谷银行是一个独立法人，与SVB没有总行和分行那样的资金往来，且各项经营指标都较为健康，受影响不大。

其次，SVB事件对于我国的直接融资市场而言，影响也有限。事件发生后，在境外尤其是美国有业务的港股和A股中国上市公司陆续发布公告，披露自身是否涉及硅谷银行事件。据我们了解的信息，目前大部分上市公司表示因该事件面临的风险并不大，且多家公司表示在硅谷银行没有存款。而对于中国上市的银行业公司而言，事情发生后，中国诸多上市银行公司的股票并未出现如欧美上市银行那样的大额跌幅，总体表现平稳，说明投资者并不太担心中国银行业受到的影响（原因如上文所述）。总体而言，在我国经济企稳回升的背景下，A股市场出现系统性风险的概率很小，表现出独立于欧美股市的走势。不过也要注意，因为A股国际化程度逐步提高，中美股市联动性有所增强，海外货币政策的调整对于A股溢出效应愈加明显。因此该事件可能会对美联储后续的货币政策实施方向和力度产生影响（我们认为美联储长期来看大概率会继续加息的脚步，只不过短期会放缓甚至停止加息），进而影响A股市场。因此对于我国股市的长期影响还需要进一步关注美联储未来的货币政策走势才能确定。

三、硅谷银行事件对我国金融监管的启示

（一）银行业的金融监管要与时俱进。SVB银行危机暴露出美国金融

监管对于地方银行的松懈。比如类似SVB这样将大量资产配置在国债和MBS证券等固收资产的中小银行并不少,在低利率政策时期这样的资产配置不会有太多问题。但是随着货币政策转向,美联储激进加息,这些资产的市值大幅缩减。当然如果持有到期,这些资产的"浮亏"并不会变成"实亏",但是如果叠加流动性危机,这些资产不得不变现的时候,就会造成大量亏损并最终影响银行业整体流动性水平和正常经营。预防上述问题的关键就是银行要进行利率风险管理和对冲,但显然硅谷银行并没有做好风险防范。监管机构也没有就其存款投保情况提出监管要求,因此美国的监管机构负有不可推卸的责任。

此外,美国对于银行业实施分档监管,对于不同档的银行在可用资本、压力测试、流动性管理上都存在差异。具体地,硅谷银行在第四档,被允许将累计其他综合收益项目从资本中排除,因此资本充足率"虚高"。并且只被要求每两年自行开展一次资本压力测试、无需监管资本压力测试,这样的安排使得硅谷银行在2022年3月开始的激进加息后从未来得及进行任何压力测试。另外,从流动性监管要求看,硅谷银行属于加权短期批发性融资额小于500亿美元的第四类银行,监管当局对其流动性覆盖率及净稳定资金比例没有提出具体要求。而正是这些差异化监管导致SVB的实际经营状况与风险水平未被全面、及时且客观地披露。这启示我们,在货币政策转向迅速的时期,尤其是从宽松转向紧缩时,监管部门要及时关注银行的风险暴露情况,尤其是监管标准较松的中小银行,要重视对不同档次银行监管指标表现的监督力度,强调银行信息披露的准确性、完整性和必要性,有必要时要积极开展相关的检查工作。

(二)我国区域性中小银行面临的风险也值得进一步关注。虽然我国没有类似SVB这样专注某一行业的银行,但是我国有很多区域性的中小银行,扎根于某一个固定区域,其资产的行业集中度也比较高。对于这些银行,若其资产所集中的行业受到不利冲击,也可能给相关中小银行造成巨大压力。比如,随着我国大力发展绿色信贷和低碳转型,很多高碳产业集中区域的城商行等资产问题也值得高度关注。同时,硅谷银行事件也提示我们即便是增长潜力很大的行业,在其下行周期,如果风险管理不当,也可能给银行带来巨大负担。比如我国目前大力发展的绿色信贷和普惠贷款,其贷款增速超过银行业平均贷款增速，且长期而言是利于国计民生的好举措。但如果缺乏价格信号发挥指引作用，也可能对本就盈利能力不足的一些中小银行造成拖累。

（三）我国的银行审慎监管工具仍有改进空间。此次硅谷银行危机表明美国现在的银行审慎监管工具仍有缺陷。一方面，目前的监管工具更关注系统重要性银行，而忽略了对中小银行的监管，尤其是在货币政策转向时期，对于货币政策快速变化给中小银行带来的负面影响的监管不足。这启示我们一是要尽量避免货币政策的快速变化（尽量保持稳健），二是要尤其关注存款来源单一同质且资产配置过于集中的中小银行在经济下行时期的风险抵抗能力。比如监管部门可以通过结构性的货币政策工具和审慎差异化监管帮助中小银行提升流动性风险管理能力。另一方面，对于大型银行的审慎监管要求也值得反思。比如最近接近倒闭而被瑞银集团收购的瑞士信贷，实际上是一家全球性的系统重要性银行。其现有的流动性覆盖率足以应对压力时期持续超过一个月的大量资金外流。但是瑞士政府仍然低估了市场的恐慌程度和资金的外流速度。因此这提示我们在进行银行压力测试的时候，也许应该把风险传染渠道纳入测试的情景模拟之中。

（四）建立市场化的金融机构退出机制，防范道德风险。目前美国监管机构在此次硅谷银行事件中的救助方式在国际上存在争议，主要是因为事件发生前最优的政策应该是让银行自行承担风险，以求银行实现自身的审慎经营；但是当事件真实发生之后，监管机构却对所有存款保证"刚兑"，并且设立了新的银行定期融资计划给符合条件的存款机构提供贷款。此举虽极大地缓和了市场情绪，有效地防止了危机向其他银行的进一步传染，但同时打破了政策的纪律性和一致性，可能会影响政策公信力，并加剧道德风险问题。我国目前已经起草了《金融稳定法（草案征求意见稿）》。我们建议应该在《金融稳定法》的框架下建立市场化的金融机构退出机制，这有助于打破"大而不倒"和政府兜底的预期，从而增强储户和银行对于自身金融风险的考察和监督，有效降低道德风险。与此同时，硅谷银行事件中，美联储吸取2008年金融危机的经验教训，选择用存款保险基金来支撑储户的存款利益，避免使用纳税人的钱。《金融稳定法》草案中也提到了要设立金融稳定保障基金，由向金融机构、金融基础设施等主体筹集的资金以及国务院规定的其他资金组成,由中央统筹管理,用于具有系统性影响的重大金融风险处置。该举措可以很好地避免将风险处置过程中的损失和成本转嫁给公共资金。

（本报告由浙江大学金融研究院提供）

第二十章 推动浙江省普惠金融发展的建议 ——以江山农商银行为例[①]

浙江农商银行系统作为农村金融的主力军,是全省规模最大、覆盖最广、服务最优、体系最全的金融机构,系统存贷规模持续保持全国农信首位,也是浙江省服务乡村振兴和"支农支小"上的一面旗帜。江山农商银行作为衢州农信系统的代表,近年来通过数字化手段提升,精准赋能,充分释放政府数字化转型的金融红利,不仅有效解决农村居民资产抵押难、融资难、融资贵等问题,助力江山市农户小额普惠贷款试点县建设,同时自身业务和体量得到了较大的提升,形成地域支持和自身发展双丰收。为了分析总结江山农商银行发展经验,2023年4月,浙江大学金融研究院专家团队开展实地调研,探讨总结普惠金融发展的有益做法。现形成调研报告,供决策参考。

一、江山农商银行普惠金融有益做法及主要成绩

江山农商银行坚守服务地方的定位,紧扣政府重点和中心工作,积极赋能当地小微企业、城乡建设和旅游发展。打造全方位普惠金融,连续11年开展"走千家、访万户、共成长"活动,形成"基础金融不出村、综合金融不出镇"的普惠金融服务体系,普惠金融客户建档面达100%,授信面100%,用信覆盖率31.21%。截至2022年末,江山农商银行小微企业贷款余额141.37

---

① 本章内容是浙江省新型重点专业智库——浙江大学金融研究院的AFR咨询要报成果,执笔人为浙江大学金融研究院副院长杨柳勇、浙江大学金融研究院智库办主任胡迪明、浙江大学经济学院博士研究生袁珺。

亿元,较年初新增 39.67 亿元,高于各项贷款增速 17.39%。其中普惠小微贷款 98.84 亿元,较年初新增 26.82 亿元,占小微贷款增量的 67.61%,是江山当地"支农支小"贡献最大、服务范围最广、机构人员最多、综合实力最强的金融机构,存贷总量稳居衢州农信系统及江山金融机构首位。

在助力小微企业上,江山农商银行一是出台了《金融助力经济稳进提质十项硬核举措》,开展信贷投放稳进提质专项行动和内部竞赛,让符合条件的市场主体"应贷尽贷""可贷能贷""能贷足贷"。2022 年全年实现小微企业贷款新增 39.67 亿元,占全市新增的 46.52%,增幅达到 39%;新拓展小微企业首贷户 391 户、发放金额 6.02 亿元。二是用足央行货币政策,新冠疫情三年来累计发放普惠小微企业贷款 4.1 万户、金额 337.35 亿元,为企业减少融资成本 8660 万元;主动争取人民银行 33 亿元再贷款支持,实现让利 3274 万元。三是推行"连续贷+灵活贷"及小微首贷户客户融资利率优惠等政策,2022 年全年累计办理无缝续贷 2365 笔、金额 50.4 亿元,为 582 户个体经营户、小微企业主提供贷款延期(宽限期)服务,涉及信贷资金 5.92 亿元。

在助力乡村振兴上,江山农商银行一是开展"普惠金融"。深入推进农户小额普惠贷款,通过农户画像 2.0 工程精准式服务,实现为农户授信 21.8 万人、金额 417 亿元,发放贷款 62 亿元。二是积极推动"强村共富"。通过开展"强村共富"合作,为 100 个行政村投入乡村振兴合作资金 500 万元,为村集体提供最高 200 万元的纯信用贷款支持,增强村集体经济组织的造血功能,累计为全市 292 个行政村授信 2.1 亿元,发放贷款 3000 多万元。三是积极融入"大搬快聚"等政府重点工作。根据县委、县政府重点工作,定制专属产品,按照 5% 的优惠利率发放,以"大搬快聚"安置工作为例,累计发放 58 户、金额 1750 万元,并配套综合性金融服务。

在建设美丽乡村上,江山农商银行一是围绕"绿色农业",探索碳账户金融应用场景,发放全国首笔农业碳中和项目贷款,累计发放贷款 5.35 亿元。同时,创新绿色金融产品,支持农业龙头企业贷款金额达 1.9 亿元。二是围绕"工业旅游",探索"银行+企业+农户"绿色供应链金融模式,为食用菌、蜂产品、葛产品等企业和农户发放贷款 1.2 亿元。三是围绕"乡村旅游",对重点旅游乡镇的民宿和农家乐经营户开展集中授信,共授信 220 笔、金额 6780 万元,发放贷款 2780 万元;四是围绕"智慧旅游",在全市旅游景区布设收单服务123处,2022年全年交易笔数达到16万笔、金额7455万元。同时,通过景区设立丰收驿站,推动当地旅游农产品的线上外销。

二、优化浙江省农商银行发展的建议

江山农商银行的普惠金融实施战略和成绩为浙江省农商银行发展提供了一个有益案例,根据江山农商银行实践做法,提炼出如下建议:

第一,坚定普惠金融服务站位,积极对接小微需求。全省农商银行应树立起服务地方实体经济的观念,始终坚守区域,把网点扎根当地,把资金用在当地,助力小微企业发展,促进地方经济稳进提质。一是要做深做实企业网格化管理,开展市场主体走访活动,积极主动问需于企。并通过企业划分,分行业成立服务专班,精准对接企业融资需求,优先保障重点领域的金融需求。二是积极降本增效,以"真金白银"为企业降本增效,对有资金压力的小微企业主提供一定优惠政策,保障小微企业经营稳健有序,提振发展信心。三是靶向发力,重点服务小微首贷户和普惠小微,开展"首贷培植"专项行动,发挥大数据应用效能,开发适合首贷企业的纯信用金融产品。

第二,积极运用各种政策工具,全力支持小微企业。一是积极运用人民银行各类政策支持工具,向普惠小微企业定向下调贷款利率,降低小微企业财务成本,争取再贷款支持,减少农户和小微企业融资成本,积极落实人行针对普惠小微企业阶段性减息的政策要求,缓解小微企业资金压力。二是为受新冠疫情影响的小微企业、个体经营户做到到期贷款应延尽延,并为客户提供零成本、高效率办理转贷业务,实行"六免政策"让利客户。三是开展"争先创优"夺标赛活动,让符合条件的市场主体"应贷尽贷""可贷能贷""能贷足贷"。

第三,推进普惠金融数字化改革,提升金融服务质效。通过数字化手段实现精准普惠、金融赋能,充分释放政府数字化转型的金融红利。一是依托数据信息系统和数字资源中心平台,多角度采集客户信息数据,为贷款授信提供数据支持,建立普惠金融精准授信分析模型,实现精准无感授信。二是发挥大数据应用效能,提高企业的融资对接效率,并根据不同企业融资需求开发相应金融产品,例如基于大数据开发针对首贷企业的纯信用金融产品,并进一步基于用户画像进行主体批量授信,实现企业需求与金融供给的精准匹配和高效转化。三是要围绕农村、实体等普惠群体,加快推进金融与科技的融合,依托移动互联、云计算和大数据等数字技术,促进普惠金融的数字化、移动化、场景化。四是借力"省金综"等平台,凭借平台信息共享、供需对接、业务支持三大核心功能,破解企业融资对接过程中的"不敢贷、不愿贷、不能贷"的痛点,提高企业的融资对接效率。

第四,拓宽普惠金融服务客群,挖掘普惠金融深度。一是把农户小额普惠贷款作为农户金融增收的重要举措,并将有礼家庭、书香家庭、最美家庭等荣誉纳入农户小额普惠贷款授信依据,将农户道德情况、个人信用等乡村社会治理成果灵活转化为金融财富,有效激活农村消费市场潜力,打通国内循环关键节点,激发农民创新创业活力。二是关注域外经济,以商会、行业协会为切入点,通过为异地商会整体授信的模式加快推动信贷服务产业链全面延伸,拓展普惠金融服务广度。三是培育壮大新型农业经营主体,扩大普惠金融服务客群,支持农村创业青年、农创客等创业发展,助力乡贤回归创业。

第五,以普惠理念推广绿色金融,以绿色标准深化普惠金融。全省农商银行要深入探索普惠金融与绿色金融融合发展模式,完善绿色金融组织管理和制度体系,健全绿色金融流程及创新机制,推动地方金融支持经济高质量发展。一是要加大对绿色环保产业的扶持倾斜力度,增大绿色信贷权重,全面实施绿色信贷评审机制,推进绿色普惠金融产品创新。二是要通过整合多方资源实施跨业跨界绿色普惠,建立数据信息共享平台,定期披露绿色金融情况,让企业明确环境政策走向。三是要以数字化转型为契机,大力推进绿色金融产品与服务创新,设计全流程绿色金融工具,围绕生态保护和资源节约的发展理念,促进金融服务模式转变,如创建碳账户,并将碳账户征信纳入信贷全流程管理。

第六,坚守不发生系统性风险底线,切实维护金融安全。一是坚持党建引领。推动"党建＋金融",围绕服务转型发展大局,切实增强党建共建实效;坚持贯彻"党管金融",努力锻造一支忠诚、干净、担当、专业的金融干部人才队伍。二是强化公司治理。完善符合小法人特点和"支农支小"服务导向的公司治理架构和治理机制,持续提升公司治理管理的科学性、稳健性和有效性。三是坚守风险底线。重塑信贷风险文化,加强员工合规管理,加大不良清收力度,稳步推进普惠金融领域惩治腐败和风险防控专项治理,厚植廉洁文化土壤,为服务地方经济营造风清气正的金融生态。

(本报告由浙江大学金融研究院提供)

第二十一章　服务推进家族企业社会化助力民营经济高质量发展和共同富裕[①]

民营经济是中国共产党长期执政、团结带领全国人民实现"两个一百年"奋斗目标和中华民族伟大复兴中国梦的重要力量。家族企业是我国也是浙江省民营经济的主要组成部分。家族企业社会化是其吸纳各类社会资源发展壮大的重要载体,是打破民营经济"封闭私有"边界、促进资本更好地服务社会进步的有效路径。

2022年下半年,浙江大学金融研究院部署专题调研,笔者围绕家族企业的发展瓶颈和困境、家族企业社会化助推转型发展等问题,带队在全省范围内调研了13家上市或非上市公司,涉及化工、环保、机械、建筑、消费等行业。调研发现,家族企业普遍面临产业空间、治理管理、人才技术等方面的发展瓶颈,而在政策有力支持下的资本、人才、管理和政企关系方面社会化尝试将是突破瓶颈的有效手段。

一、社会化对赋能民营家族企业和区域经济高质量发展、促进共同富裕具有重大意义

笔者在调研中发现,浙江省家族企业经过几十年的资本积累和产业发展,在取得巨大成绩的同时也面临诸多发展瓶颈。第一,产业发展空间到达天花板,急需资本赋能转型升级和市场拓展。第二,治理和管理阻碍企业进

① 本章内容是浙江省新型重点专业智库——浙江大学金融研究院的AFR咨询要报成果,执笔人为浙江大学金融研究院金融治理研究中心主任朱燕建教授、浙江大学金融研究院特约研究员周强龙。

一步发展,创业初期纯粹的家长模式已经不能适应先进技术、高端生产、集约管理和高效治理的需求;第三,政府治理和社会治理方式持续变革,曾经支持家族企业发展的政企关系和银企关系也需要进一步提质增效。调研中还发现,能够主动扬弃"封闭私有"、成功转型升级的家族企业遵循了共同的社会化路径,主要包括:通过部分控制权的转移,有效融合更多的外部金融资本;引入更多专业化的人才如职业经理人和高级专业技术人员;搭建亲清政企关系,争取和维护良好的营商环境。

同时,家族企业社会化也不仅仅是服务商业利益的"门户私计",其社会意义、政策意义也很突出:一是有利于提升经济长期增长潜力。民营企业是推动我国经济增长最活跃、最具竞争力和创造力的力量,关乎经济增速、发展质量提升和现代化建设目标的实现。2022年,中国制造业500强中民企占比72%,第四批"专精特新小巨人"中民企占比84%。社会化是民营家族企业做大做强的手段,通过"真金白银"的市场竞争检验,最终将提升区域产业发展水平、人才集聚水平,激发内需潜力,增强财政汲取能力和国际国内影响力。二是有利于合理化要素分配、促进共同富裕。社会化是吸纳社会资源进入现代企业经营的过程,同时也是让社会要素(包括家庭部门的劳动力、资金储蓄等)参与一次分配的过程。不管家族企业是通过引进更多外部人才充实技术研发、内部管理,还是将部分所有权出让于外部金融资本,抑或通过承担社会责任的方式融入政企互动关系,都需要以较为可持续的市场化方式定价让渡一部分原本为"一家"独占的经济利益,推动民营经济更加"民有民享",这也是民营经济普惠性的重要体现。三是有利于为国家治理现代化贡献力量。企业引进外部资源要求企业内部管治权力架构的重塑,势必涉及种种权衡比较、冲突应对,对合理划分政府市场企业边界、高水平营商环境建设、民商事领域充分的司法保护制度供给都会提出更多更高的要求,企业社会化进程的另一面正是区域社会治理现代化进程,客观上产生社会生态的"溢出"效应和治理管理的"倒逼"效应。

二、调研所见当前企业社会化进程中面临的主要困难

随着改革开放的推进,顺应社会发展需要的市场规律和商业价值在我

国重获认可与尊重,以家族企业为主体的民营企业数量快速增长、规模逐渐壮大。浙江作为民营经济大省,表现尤其突出。我们调研的企业多数都在社会化领域积极摸索前进,部分企业(如舜宇光学)已成为具有标杆意义的社会企业。这些成就得益于浙江政府长期以来实事求是、自信开明的工作作风,受惠于踏实勤劳的地方文化,也是浙江经济社会发展水平高、贫富差距和城乡差距小的一种微观体现。但也应该看到不同行业企业在推进社会化进程上还有不少空间,部分环节领域存在"堵点"。

(一)缺乏足够适配的长期金融资本支持。资本求快、产业求稳,两者经常难以兼得,这引起受调研企业对引进金融资本(股权资本)带来负面冲击的普遍担忧,主要表现为两个方面:第一,由于"懂产业逻辑""能携手前行"的金融资本供给不足,家族企业较难统筹好发展与安全。比较典型的是浙矿重工,公司在选择机构投资者时十分重视稳健性,与多数受访企业类似,不接受对赌协议,为此在上市过程中排除了计划过于激进的某省内知名私募机构(后的确深陷风险事件),转而与省属国资背景的一家创投集团合作,后者的确尊重企业发展意愿、不对经营横加干涉,但对推动公司体制改革的助力不够,公司曾经期待和看重的资本、管理、品牌效应没有得到充分发挥,目前该创投集团也已逐步减持退出。第二,企业对资本市场工具运用不足,多家受访企业长期对资本市场持负面印象,大大影响了其推进上市进程的节奏,影响了享受国家深化资本市场改革政策红利的效果。

(二)政企互动关系的内容层次还有进一步提升空间。企业与政府互动也是吸纳运用公共政策资源、促进发展壮大的社会化方式。从调研总体情况看,浙江作为国内对民营企业最友好、经济社会治理现代化水平最高的地区之一,干部队伍素质好、"讲规矩讲道理",没有出现其他地区常见的政府不遵守承诺、加重企业负担、单纯利用企业"做政绩"等负面现象,企业对政府支持服务评价积极正面,但在互动内容层次上还可进一步提升能级。首先,政府对部分重资产企业的支持还主要在土地划拨、专项基础设施等要素层面,这既考验企业合理规划经营规模的能力,也存在被诟病"不够公平"的风险。其次,基层政府对企业的服务支持主要体现在财政补贴、政策宣讲、园区建设、协调金融支持等,但部分行业企业的发展难点在于更高的"顶层设计",两者还不够匹配。比如,浙矿重工的一大难点是现有学制专业设计难以培养出对口技术人才,爱迪曼环保生存发展空间受到大批国企、央企进入环保行业,内部竞争加剧、生态深刻变革的影响,冲击效应较大,这些都需要更高层级的政策协调。

(三)"引才难""留才难""聚才难"影响经营管理社会化。"区域极化"是经济发展尤其是生产性服务业成为经济重要推力的规律性体现,但也给部分所谓"二线""三线"城市带来很大的人才竞争压力。浙江大量制造业企业仍分布于浙中、浙南,所在城市对企业迫切引进的高端人才吸引力较弱,而柔性引进专家的效果有限,经营管理社会化"壮志难酬"。比如,温州瑞安的上市公司通力科技曾是当地第一家通过报纸来招聘人才的民营企业,引才心态开放包容,但目前所在城市缺乏优秀人才看重的子女教育资源等,不少年轻人倾向回到大城市特别是一线城市去发展。同属温州的华峰集团也因总部地理位置、城市规模劣势在人才引进过程中曾遇到不小阻力。浙矿重工、中德科技、三美化工、一鸣食品等优秀制造业企业也不同程度面临类似难题。爱迪曼环保地处浙北嘉善,毗邻上海、杭州,技术人才引进主要依靠本地人回流,对其他地区人才的招聘效率很低,部分外地人才虽短暂加入,最终仍因交通、住宿、待遇、发展前景等现实生活问题离开,影响技术梯队建设。

三、相关政策建议

(一)提升浙江省创投机构的市场化程度,引导民营家族企业更加合理充分地借助资本市场自立自强。挖掘省属国有创投资本潜能,在资本运营组织、人才队伍建设激励中引入更多市场化成分,从着眼"眼前保值"更多向"长期增值"转变,让国有创投资本更具"创造力""主动性",真正成为既让企业安心又切实给予企业实在帮助的耐心资本。加大创投行业领域研究投入支持力度,有意识培育部分熟悉地方文化和发展规律、熟悉产业经营逻辑,兼具股权和证券投资优势的投资机构,作为国有创投资本运营机构的有益延伸与补充。进一步总结"凤凰计划"等有益经验,做好央地金融管理部门协调,加大上门送服务、送宣讲力度,借全面实施注册制改革良机引导推动各地特别是浙中南更多优秀制造业企业上市,在资本市场版图中做大做响"浙江牌子"。

（二）提升政企互动内涵层次，创造市场化法治化的民营家族企业生存环境。丰富驻企工作人员职责内涵，加大对企业经营、企业家预期等的调查研究工作力度，在坚决不干预经营情况下将各级领导有关支持民营企业指示精神落实到位。组建较高层级的工作专班，围绕特定行业民营企业在经营中突出反映的共性问题（税收、行业政策、行业生态等）做好做实与中央有关部门的汇报协调，解决企业实际痛点难点。加强保护企业和企业家正当权益的法治供给，就民企经理人职务侵占、民企遭受不公平待遇、知识产权保护等重点研究出台一批典型指导性案例。推动国有经济部门内部管理优化，在合规前提下给予更大弹性，顺畅国有经济部门与民营家族企业开展购销业务往来、资金往来，加强账期管理，支持双方融合共赢发展。

（三）省地合作两点布局吸引优秀人才，建设有利于企业长期健康成长的"基础设施"。协调地方，为有发展愿望的企业在省内实现部分"迁移"，如为在杭州等医疗教育资源丰富、综合发展水平高的中心城市设立重要子公司、研究院所、双总部等提供土地、建设等要素支持，更好实现聚才效果。在原有地区引才政策基础上，进一步强调"重点激励"，不搞"撒胡椒面"、不随意降低门槛，针对特定行业加大中高端人才引进的资金激励和税收、社会服务政策配套，提升重点人才来浙来杭综合回报，为更好提升区域开放发展水平和综合竞争力创造有利条件。鼓励企业与综合实力较强、专业积累较高的在浙高校形成更加紧密的产学研合作，将不同行业已有"订单"培养模式逐步从生产端、销售端进一步移植提升到更高层次的技术端、管理端。

（四）加强实践经验宣传应用，营造鼓励民营经济高质量发展的浓厚氛围。充分挖掘浙江民营经济"排头兵"作用，发挥浙江宣传报道的"风向标"效应，组织产出一批浙江省代表性民营家族企业引进社会资源、推动自身发展、带动区域能级提升的典型宣传案例，既有利于在省内营造鼓励创造、鼓励创新、鼓励进取的氛围，促进形成保护与尊重企业家、激发与弘扬企业家精神的社会共识，引导民营企业下更大决心有效投资扩产、推进社会化进程，也有助于面向全国乃至全球讲好浙江共同富裕故事，以安人心、靖浮言、稳预期。

（本报告由浙江大学金融研究院提供）

附录一　2022年度浙江省促进金融业发展的政策汇编

中国人民银行 中国银行保险监督管理委员会
中国证券监督管理委员会 国家外汇管理局
浙江省人民政府关于金融支持浙江
高质量发展建设共同富裕示范区的意见

银发〔2022〕60号

为深入贯彻习近平总书记在中央财经委第十次会议上的重要讲话精神,全面落实《中共中央 国务院关于支持浙江高质量发展建设共同富裕示范区的意见》要求,进一步深化金融供给侧结构性改革,推动建立与浙江共同富裕示范区建设相适应的金融体制机制,支持浙江打造新时代全面展示中国特色社会主义制度优越性的重要窗口,现提出以下意见。

一、总体要求

(一)服务实体经济高质量发展。贯彻新发展理念,聚焦经济高质量发展的重点领域,优化金融资源配置,提升金融服务质效。探索金融支持科技创新、绿色发展的路径机制,夯实共同富裕的物质基础。构建新发展格局,发挥浙江市场经济活跃、民营经济发达、经济外向型程度高的优势,持续扩大金融对内对外开放,努力打造国内大循环的战略节点和国内国际双循环的战略枢纽。

(二)坚持金融为民的宗旨。坚持以人民为中心的发展思想,把促进共同富裕作为金融工作的出发点和着力点,以解决地区差距、城乡差距和收入差距问题为主攻方向,更好满足人民群众为追求美好生活而日益增长的金融需求。做好金融服务乡村振兴和金融帮扶,提升对重点人群和薄弱环节的金融服务质效,使广大人民群众公平获取金融资源,享受优质金融服务。

(三)倡导金融向善的理念。坚持"绿水青山就是金山银山"理念,探索金融支持碳达峰碳中和的浙江方案,高水平建设美丽浙江,全面推进生产生活方式绿色转型。发挥金融在收入分配、社会保障中的积极作用,推动形成以中等收入群体为主体的橄榄型社会结构。

(四)防范系统性金融风险。完善党建统领、法治为基、整体智治、高效协同的现代金融治理体系。在确保有效监管和风险可控的前提下,稳妥有序推动金融开放创新。完善地方政府金融工作议事协调机制,筑牢金融风险防控体系,牢牢守住不发生系统性金融风险的底线。

二、优化金融资源配置,支持经济高质量发展

(五)提升金融服务科技创新能力。聚焦"互联网＋"、生命健康、新材料三大科技创新高地建设,支持银行设立科技支行,探索形成与科创企业特点相适应的专业化业务管理体系。在风险可控、商业自愿前提下,鼓励银行与外部投资机构深化合作,积极探索多样化的科创金融服务模式。深化知识产权质押登记线上办理试点,推动科创金融产品扩面增量。加强创业投资等综合金融服务,促进先进制造业和现代服务业融合发展。鼓励银行机构充分发挥与其子公司的协同作用,为科创企业提供持续资金支持。完善首台(套)重大装备等保险补偿机制,支持知识产权保险创新发展,提升科技保险覆盖面。支持杭州市建设国内现代科创金融体系实践窗口和金融服务科技创新发展示范基地,带动嘉兴市争创长三角科技成果转化高地和科创金融一体化服务基地。

(六)强化金融支持先进制造业。完善对战略性新兴产业、先进制造业和"专精特新"企业的金融服务。加大对传统制造业技术改造的信贷支持力度,提升中长期贷款占比。加大对先进制造业的供应链金融支持,依托链上核心企业,整合物流、信息流、资金流等信息,鼓励金融机构为产业链供应链

提供结算、融资和财务管理等综合金融解决方案,引导期货公司及其子公司提升对产业链供应链企业的风险管理服务质效。

（七）健全资本市场服务高质量发展机制。加快推动上市公司高质量发展,通过并购重组等方式引领带动一批现代产业集聚发展。支持上海证券交易所、深圳证券交易所、北京证券交易所、全国中小企业股份转让系统等与浙江共建企业培育和专项服务机制,引导企业精准对接多层次资本市场。创新区域性股权市场与全国中小企业股份转让系统合作机制,支持符合条件的企业在全国中小企业股份转让系统基础层和创新层挂牌、在北京证券交易所上市。加快推进区域性股权市场创新试点,探索市场化参与拟上市企业辅导规范,支持区域性股权市场推广县域企业服务基地模式。鼓励证券公司参与区域性股权市场,发起设立专项投资基金服务挂牌企业投融资,最高出资比例可达50％。按规定设立中外合资证券公司,探索开展股权投资和创业投资份额转让服务,稳步发展公开募集基础设施证券投资基金。支持浙江自由贸易试验区推进国际油气交易中心建设,深化与上海期货交易所期现合作,共建保税商品数据中心,推动双方仓单业务合作,完善长三角油气交易市场体系。

（八）构建数字化金融运行体系。推动金融与产业、企业、公共数据集成,推进数字化金融、企业信用信息、金融综合服务等平台迭代完善,探索支持共同富裕示范区建设以及重点民生领域等应用场景体系建设,切实提高金融服务数字经济、数字贸易能力。加快金融机构数字化转型,推动金融业态、模式和服务重塑。深化保险领域数字化改革,推动电子病历等数据共享,充分发挥"智慧医保""浙里甬e保"等平台作用,通过"保险＋"推进医疗体系升级。

三、提升跨境金融服务水平,推动高标准对外开放

（九）支持贸易新业态新模式发展。支持银行按相关规定优化金融服务,为诚信守法企业开展真实、合规的新型离岸国际贸易提供跨境资金结算便利。推动银行凭电子单证为跨境电商办理收付汇,支持银行为跨境电商提供更加丰富的跨境结算工具和产品。探索开展银行转变贸易真实性审核方式试点,由单证审核向交易实质审核转变,以尽职调查为基础、以合理性

评估为重点,支持符合条件的银行开展贸易外汇收支便利化试点。

(十)提升跨境投融资便利化水平。探索开展本外币一体化资金池业务,支持符合条件的跨国企业集团在境内外成员之间开展本外币资金一体化运营,放宽购结汇、资金使用等限制。适时将本外币合一银行账户体系试点范围从杭州市扩大到全省。稳步推进合格境外有限合伙人(QFLP)试点,允许按照余额管理模式自由汇出、汇入资金,通过股权、债权等形式,在境内开展政策允许的各类投资活动,探索开展合格境内有限合伙人(QDLP)试点。适当提高非金融企业跨境融资规模上限和境外放款规模上限,支持浙江自由贸易试验区按规定探索开展境内贸易融资资产对外转让业务试点,拓宽浙江自由贸易试验区内企业境外融资渠道。在跨境金融区块链平台上开展出口信用保险保单融资类多场景试点。

(十一)增强企业汇率避险能力。支持银行在依法合规、商业可持续、风险可控的前提下,依据客户资信情况适度调整外汇衍生产品保证金比例,在结售汇服务中适当让利中小微外贸企业。鼓励银行根据客户资信情况,以授信或保证金等方式提供汇率避险产品。对套期保值比率高、服务中小微企业比例高的银行,在贸易投资便利化试点准入等方面给予支持。鼓励银行加强汇率避险宣介,扩大面向中小微外贸企业的对接服务。

四、创新小微金融服务模式,助力缩小收入差距

(十二)深化小微金融服务。实施中小微企业金融服务能力提升工程,推广应用"贷款码",优化小微企业金融服务差异化细分工作,持续开展首贷户拓展专项行动,深化小微企业贷款授权、授信、尽职免责"三张清单",扩大融资覆盖面,提升融资便利度。支持证券经营机构探索以降低服务费率等方式优化对涉农经营主体的服务。深化政府性融资担保体系改革,推动小微企业和"三农"融资担保扩面增量。公平精准有效开展民营企业授信业务,不断提高金融服务民营企业质效。支持温州市深化民营经济金融服务,探索在示范区关键节点和重要环节上先行先试。鼓励台州市进一步深化专注实体、深耕小微、精准供给、稳定运行的小微企业金融服务创新。支持宁波市持续发挥数字技术优势,面向小微企业和创业创新主体提供优质融资服务和支付服务。

（十三）助力低收入群体增收。加大对个体工商户、家庭作坊、流动商贩、灵活就业人员、农村创业人群等市场主体的金融支持力度，优化对进城务工农民的金融服务，推动低收入群体增收。探索面向新产业、新业态和灵活就业人员推出更加符合其多样化需求的保险保障，充分发挥保险"稳定器"作用。推动落实各项金融惠企政策，深化保险替代保证金机制和常态化保就业保市场主体融资支持机制。发挥金融在第三次分配中的作用，大力发展慈善信托。

（十四）拓宽城乡居民财产性收入渠道。高水平推进钱塘江金融港湾建设，打造财富管理高地。在依法合规、商业自愿基础上，支持符合条件的商业银行在浙江发起设立理财子公司。支持公募基金公司落户浙江。鼓励本地经营机构做优公募基金投资顾问服务，发挥财富管理功能。支持金融机构稳健发展投资基金、理财产品、信托等多元化金融产品，构建与城乡居民需求相适应的多层次、多样化财富管理体系。

五、深化农村金融改革，助力城乡区域协调发展

（十五）加大乡村振兴支持力度。加大对农房和村庄现代化建设的金融支持力度，助力实施乡村建设行动。探索通过发展农业供应链金融、强化利益联结等方式，依托核心企业提高小农户和新型农业经营主体融资可得性。加大对农产品冷链仓储物流、电商服务等生产性服务业发展的金融支持力度。推动银行结合客户生产经营活动周期、担保条件等实际情况，开发适合粮食等重要农产品生产的信贷产品。支持丽水市探索普惠金融服务乡村振兴改革。

（十六）创新涉农保险产品和服务。鼓励有条件的地方发展适合农村需求的地方优势特色农业保险，完善农业保险政策，优化完善"保险＋期货"模式，加强农业产业链保险保障。探索推广新型农业经营主体相关保险，为新型农业经营主体提供风险保障。推动相关部门和保险机构利用大数据等手段，构建农业灾害遥感监测体系，创新农业保险查勘定损和承保理赔模式，提高定损效率和理赔准确性。

（十七）支持山区26县跨越式高质量发展。鼓励金融机构专班团队、专门通道、专设权限，探索与山海协作、"飞地"共富、乡村振兴重点帮促村等相适应的金融服务模式，联合为山区26县提供金融顾问和开发式帮扶。开展

"一县一策"金融精准帮扶,加大对县域绿色低碳建设、特色产业、村级集体经济、新型农业经营主体等重点领域和对象的金融支持力度。

(十八)优化农村基础金融服务。推进浙江深化农村信用社改革试点。以服务最大化为目的,探索在资本占用、股权结构、法人治理等方面的差异化政策,降低"三农"和小微企业融资成本,加快构建服务共同富裕的农村信用社普惠金融体系。深化农村信用体系建设,加快建立新型农业经营主体信用体系,加强信用信息共享,扩大农村地区信用信息覆盖面,强化信用成果应用。拓展金融助农服务点功能,实现小额取款、转账、缴纳公共事业费、金融业务咨询、金融知识普及宣传、反假人民币等基础金融服务。推进储蓄国债下乡,拓宽储蓄国债网上银行、手机银行、便民服务站等销售渠道。

六、提升金融服务水平,促进公共服务均等化

(十九)加强住房租赁金融支持。优化对保障性租赁住房的金融支持,在住房租赁担保债券、住房公积金贷款资产证券化等方面先行先试,将符合条件的保障性租赁住房建设项目纳入地方政府专项债券支持范围。支持银行以市场化方式向保障性租赁住房自持主体提供融资服务,向改建、改造存量房屋形成非自有产权保障性租赁住房的住房租赁企业提供经营性贷款。企业持有运营的保障性租赁住房具有持续稳定现金流的,探索将物业抵押作为信用增进,发行住房租赁担保债券。

(二十)强化保险保障功能。探索覆盖自然灾害、公共安全等灾因的巨灾保险试点。进一步发挥责任保险在安全生产、环境污染、食品安全、工程质量等方面的保障作用。规范发展第三支柱养老保险。加快健全养老金融服务体系,鼓励金融机构开展养老金融业务创新,推进专属商业养老保险试点,适时开展养老理财试点,提高居民养老财富储备和养老支付能力。推动托幼机构及相关主体积极投保保险,助力完善婴幼儿照护服务体系。深化推进商业医疗保险,探索推动浙江与保险精算师协会、上海保险交易所等加强战略合作,开发具有区域特点的商业健康保险产品和健康保障服务,推动将更多医保目录外合理医疗费用按规定程序纳入商业健康保险保障范围,提升医疗保险保障水平。深化宁波市保险业改革创新,打造保险服务共同富裕示范样本。

(二十一)拓展移动支付应用。推动银行业统一移动支付APP、银行APP等各类移动支付产品高质量协同发展;推动政府部门整合资源,合力共建移动支付便民场景。支持浙江符合条件的银行、非银行支付机构为境外个人提供境内移动支付服务。支持符合条件的地区开展数字人民币试点。

(二十二)推进金融便民服务改革。深化"无证明化"改革和"身后一件事"金融便民服务,稳步探索继承人金融信息查询便利化机制。持续改善对老年人、残疾人等群体的金融服务,实现优质服务便捷共享。

七、深化绿色金融改革,推动生态文明建设

(二十三)打造绿色金融浙江样板。推动银行保险机构探索开展气候风险评估,引导和促进更多资金投向应对气候变化领域的投融资活动。推进上市公司环境、社会和治理(ESG)信息披露,发展绿色债券,探索绿色资产证券化,研究建立绿色证券基金业务统计评价制度。支持符合条件的地区建立工业绿色发展项目库,引导金融机构创新符合工业绿色发展需求的金融产品和服务。深化湖州市绿色建筑和绿色金融协同发展改革创新,推动衢州市探索基于碳账户的转型金融路径。

(二十四)强化碳达峰碳中和金融支持。引导银行将碳减排效益、碳价等指标纳入授信管理流程,研究发展排污权、用能权、用水权等环境权益抵质押贷款。鼓励金融机构积极参与生态产品价值实现机制建设。支持浙江按规定使用碳减排支持工具,推动绿色债券增量扩面。探索推进金融机构实现自身运营和业务的碳减排。

八、完善金融风险防控,守牢金融安全底线

(二十五)健全金融风险防控机制。落实金融安全战略,推动所有金融活动依法依规纳入监管。加大金融领域反垄断和反不当竞争监管力度,防止资本无序扩张,实现事前事中事后全链条监管,坚决维护金融市场公平竞争。完善金融业综合统计体系及风险预警体系。依托中小法人银行流动性实时监测系统,加强流动性风险管理。进一步健全金融创新监管协调体系,确保风险防控能力与金融改革创新相适应。

(二十六)金融助力社会治理。坚决防范和打击非法集资等各类非法金融活动。严格银行账户分类分级管理,加大存量账户风险清理,推动开户、交易环节强化身份核验和身份认证。会同公安机关探索依法建立潜在受害人银行账户保护性止付机制。

(二十七)加强金融消费权益保护。加强金融管理、行业组织等协作,加强金融纠纷多元化解机制建设,畅通金融消费者投诉受理渠道,强化数据安全和个人信息保护。加强宣传引导,注重普及金融知识,引导投资者树立正确理性观念,提高防范风险能力,维护人民群众财产安全。

九、保障措施

(二十八)加强金融系统党的领导。坚持全面从严治党、从严治金,加强金融系统党的建设,将党的建设与公司治理同步推进,推动抓党建、强治理、防风险、促发展的有机结合。深化清廉金融建设,营造风清气正的良好生态。发挥金融机构主体作用,推动金融机构落实金融为民、金融向善的理念,积极履行社会责任。

(二十九)建立工作保障机制。浙江切实承担主体责任,立足省情和发展实际,细化实施方案,明确责任分工,确保各项任务落实到位。加强与国家金融管理部门的沟通会商,推进重要政策、发展规划、金融需求等信息共享,对遇到的困难和问题,及时会商解决。

(三十)建立重大改革先行试点机制。国家金融管理部门加强与浙江的沟通协调,优先将金融支持共同富裕相关改革试点任务赋予浙江,指导支持浙江率先探索实践。浙江加强政策配套支持,积累改革经验,探索建立金融促进共同富裕的体制机制和有效路径,发挥示范引领作用。

(三十一)构建金融支持共同富裕评价体系。按照定量与定性、客观评价与主观评价相结合的原则,加快构建具有科学性、普适性、全面性的金融支持共同富裕综合评价指标体系,全面反映金融支持共同富裕工作成效,打造一批具有辨识度的金融支持共同富裕标志性成果。适时开展第三方评估。

中国人民银行办公厅

2022年3月14日

中国人民银行关于推动建立金融服务
小微企业敢贷愿贷能贷会贷长效机制的通知

银发〔2022〕117号

中国人民银行上海总部,各分行、营业管理部,各省会(首府)城市中心支行,各副省级城市中心支行;国家开发银行,各政策性银行、国有商业银行,中国邮政储蓄银行,各股份制商业银行:

为贯彻落实党中央、国务院决策部署和中央经济工作会议精神,推动建立金融服务小微企业敢贷愿贷能贷会贷长效机制(以下简称长效机制),着力提升金融机构服务小微企业等市场主体的意愿、能力和可持续性,助力稳市场主体、稳就业创业、稳经济增长,现将有关要求通知如下。

一、坚持问题导向,深刻认识建立长效机制的紧迫性和重要性

小微企业是发展的生力军、就业的主渠道、创新的重要载体。党中央、国务院高度重视小微企业发展,要求金融系统加大对实体经济特别是小微企业的支持力度,推动普惠小微贷款明显增长、信用贷款和首贷户比重继续提升。近年来,金融系统坚决贯彻落实党中央、国务院决策部署,自觉提高政治站位,服务小微企业取得积极成效,但金融机构内生动力不足、外部激励约束作用发挥不充分,"惧贷""惜贷"问题仍然存在。加强和改进小微企业金融服务,关键要全面提高政治性、人民性,按照市场化、法治化原则,从制约金融机构放贷的因素入手,深化小微企业金融服务供给侧结构性改革,加快建立长效机制,平衡好增加信贷投放、优化信贷结构和防控信贷风险的关系,促进小微企业融资增量、扩面、降价,支持小微企业纾困发展,稳定宏观经济大盘,助力经济高质量发展。

二、健全容错安排和风险缓释机制,增强敢贷信心

(一)优化完善尽职免责制度。各金融机构要通过建立正面清单和负面清单、搭建申诉平台、加强公示等,探索简便易行、客观可量化的尽职免责内部认定标准和流程,引导相关岗位人员勤勉尽职,适当提高免责和减责比

例。在有效防范道德风险的前提下,对小微企业贷款不良率符合监管规定的分支机构,可免除或减轻相关人员内部考核扣分、行政处分、经济处罚等责任。贷款风险发生后需启动问责程序的,要先启动尽职免责认定程序、开展尽职免责调查与评议并进行责任认定。要通过案例引导、经验交流等方式,推动尽职免责制度落地,营造尽职免责的信贷文化氛围。

(二)加快构建全流程风控管理体系。各金融机构要加强小微企业信贷风险管理和内控机制建设,强化贷前客户准入和信用评价、贷中授信评级和放款支用、贷后现场检查和非现场抽查,提升小微企业贷款风险识别、预警、处置能力。积极打造智能化贷后管理系统,通过大数据分析、多维度监测等手段,及时掌握可疑贷款主体、资金异常流动等企业风险点和信贷资产质量情况,有效识别管控业务风险。人民银行分支机构要督促金融机构加强对小微企业贷款资金用途管理和异常情况的监测,严禁虚构贷款用途套利。

(三)改进小微企业不良贷款处置方式。各金融机构要落实好普惠小微贷款不良容忍度监管要求,对不超出容忍度标准的分支机构,计提效益工资总额时,可不考虑或部分考虑不良贷款造成的利润损失。优先安排小微企业不良贷款核销计划,确保应核尽核。用好批量转让、资产证券化、重组转化等处置手段,提高小微企业不良贷款处置质效。对长账龄不良贷款,争取实现应处置尽处置。人民银行分支机构在各项评估中,可对普惠小微贷款增速、增量进行不良贷款核销还原,鼓励金融机构加快普惠小微不良贷款处置。

(四)积极开展银政担保业务合作。各金融机构要积极与政府性融资担保机构开展"见贷即担""见担即贷"批量担保业务合作,减少重复尽职调查,优化担保流程,提高担保效率。深化"银行＋保险"合作,优化保单质押、贷款保证保险等合作业务流程,助力小微企业融资。人民银行分支机构要会同相关部门推动政府性融资担保机构合理提高担保放大倍数,降低担保费率和反担保要求,扩大对小微企业的覆盖面,降低或取消盈利性考核要求,依法依约及时履行代偿责任,适度提高代偿比例。鼓励有条件的地方设立风险补偿基金,为小微信贷业务提供风险缓释。

三、强化正向激励和评估考核,激发愿贷动力

(五)牢固树立服务小微经营理念。各金融机构要切实增强服务小微企业的自觉性,在经营战略、发展目标、机制体制等方面做出专门安排,对照小微企业需求持续改进金融服务,提升金融供给与小微企业需求的适配性。进一步优化信贷结构,逐步转变对地方政府融资平台、国有企业等的传统偏好,扭转"垒大户"倾向,减少超过合理融资需求的多头授信、过度授信,腾挪更多信贷资源支持小微企业发展。

(六)优化提升贷款精细化定价水平。各金融机构要继续完善成本分摊和收益分享机制,加大内部资金转移定价优惠幅度,调整优化经济资本占用计量系数,加大对小微业务的倾斜支持力度。将贷款市场报价利率(LPR)内嵌到内部定价和传导相关环节,统筹考虑小微市场主体资质、经营状况、担保方式、贷款期限等情况,提高精细化定价水平,推动综合融资成本稳中有降。适当下放贷款定价权限,提高分支机构金融服务效率。对受新冠疫情影响严重行业和地区的小微企业,鼓励阶段性实行更优惠的利率和服务收费,减免罚息,减轻困难企业负担。

(七)改进完善差异化绩效考核机制。各金融机构要进一步强化绩效考核引导,优化评价指标体系,降低或取消对小微业务条线存款、利润、中间业务等考核要求,适当提高信用贷款、首贷户等指标权重。将金融服务小微企业情况与分支机构考核挂钩,作为薪酬激励、评优评先的主要依据。合理增加专项激励工资、营销费用补贴、业务创新奖励等配套供给,鼓励开展小微客户拓展和产品创新。做好考核目标分解落实,确保各项保障激励政策及时兑现,充分调动分支机构和一线从业人员积极性。

(八)加强政策效果评估运用。人民银行分支机构要认真开展小微企业信贷政策导向效果评估,推动金融机构将评估结果纳入对其分支机构的综合绩效考核。加强财政金融政策协同,推动有条件的地方将小微企业金融服务情况与财政奖补等挂钩。继续开展区域融资环境评价,完善评价体系,加强评价结果运用,推动地方融资环境持续优化。

四、做好资金保障和渠道建设,夯实能贷基础

(九)发挥好货币政策工具总量和结构双重功能。各金融机构要充分运用降准释放的长期资金、再贷款再贴现等结构性货币政策工具提供的资金,将新增信贷资源优先投向小微企业。人民银行分支机构要运用好普惠小微贷款支持工具,推动金融机构持续增加普惠小微贷款投放,更多发放信用贷款。继续做好延期贷款和普惠小微信用贷款质量监测,密切关注延期贷款到期情况和信贷资产质量变化。

(十)持续增加小微企业信贷供给。各金融机构要围绕普惠小微贷款增速不低于各项贷款平均增速的目标,结合各项贷款投放安排,科学制定年度普惠小微专项信贷计划,鼓励有条件的金融机构单列信用贷、首贷计划,加强监测管理,确保贷款专项专用。全国性银行分解专项信贷计划,要向中西部地区、信贷增长缓慢地区和受新冠疫情影响严重地区和行业倾斜。地方法人银行新增可贷资金要更多用于发放涉农和小微企业贷款,确保涉农和普惠小微贷款持续稳定增长。人民银行分支机构要及时调研了解辖区内金融机构普惠小微专项信贷计划制定和落实情况,并加强督促指导

(十一)拓宽多元化信贷资金来源渠道。鼓励金融机构在依法合规、风险可控前提下,通过信贷资产证券化等方式,盘活存量信贷资源。通过加大利润留存、适当控制风险资产增速等,增加内生资本补充。继续支持中小银行发行永续债、二级资本债,配合有关部门指导地方政府用好新增专项债额度合理补充中小银行资本,鼓励资质相对较好的银行通过权益市场融资,加大外源资本补充力度。金融债券余额管理试点银行要在年度批复额度内,合理安排小微企业金融债券发行规模,严格规范募集资金使用管理人民银行分支机构要及时摸排地方法人银行发行小微企业金融债券、资本补充债券需求,做好辅导沟通,提高发行效率。鼓励有条件的地区对地方法人银行发行小微企业金融债券进行奖补。

(十二)增强小微金融专业化服务能力。各金融机构要围绕增加小微企业、个体工商户有效金融供给,结合区域差异化金融需求,继续完善普惠金融专营机制,加强渠道建设,推动线上线下融合发展,探索形成批量化、规模化、标准化、智能化的小微金融服务模式。持续推动普惠金融服务网点建

设,有序拓展小微业务营销和贷后管理职能,适当下放授信审批权限。加强跨条线联动,做好小微企业账户、结算、咨询等服务工作,促进多元化融资。

(十三)常态化开展多层次融资对接。人民银行分支机构、各金融机构要加强与行业主管部门合作,通过线下主动走访、线上服务平台推送、行业主管部门推送等,畅通银企对接渠道,提高融资对接效率,降低获客成本。积极与各类产业园区、创业服务中心、企业孵化基地、协会商会等开展业务合作,搭建分主体、分产品的特定对接场景,为不同类型小微企业提供有针对性的金融服务。持续开展小微企业融资跟踪监测,动态优化政策措施,快速、精准响应小微企业融资需求。

五、推动科技赋能和产品创新,提升会贷水平

(十四)健全分层分类的小微金融服务体系。开发性银行、政策性银行要加强对转贷款资金的规范管理,确保用于小微企业信贷供给,并围绕核心企业创新供应链金融模式,探索为其上下游小微企业提供直贷业务。全国性银行要发挥"头雁"作用,充分运用网点、人才和科技优势,切实满足小微企业综合金融服务需求,提高融资可得性和便利性。地方法人银行要强化支农支小定位,将增加小微信贷投放与改革化险相结合,充分发挥贴近基层优势,形成特色化产品和服务模式,重点支持县域经济和小微企业发展。

(十五)强化金融科技手段运用。各金融机构要深入实施《金融科技发展规划(2022—2025年)》(银发〔2021〕335号文印发),加大金融科技投入,加强组织人员保障,有序推进数字化转型。充分发挥金融科技创新监管工具作用,合理运用大数据、云计算、人工智能等技术手段,创新风险评估方式,提高贷款审批效率,拓宽小微客户覆盖面。聚焦行业、区域资源搭建数字化获客渠道,拓展小微金融服务生态场景,提升批量获客能力和业务集约运营水平。优化企业网上银行、手机银行、微信小程序等功能及业务流程,为小微企业提供在线测额、快速申贷、线上放款等服务,提升客户融资便利性。科技实力较弱的中小银行可通过与大型银行、科技公司合作等方式提升数字化水平,增强服务小微企业能力。

(十六)加快推进涉企信用信息共享应用。各金融机构要深度挖掘自身金融数据和外部信息数据资源,发挥金融信用信息基础数据库作用,对小微

企业进行精准画像。人民银行分支机构要依托地方征信平台建设,按照数据"可用不可见"的原则,在保障原始数据不出域的前提下,进一步推动地方政府部门和公用事业单位涉企信息向金融机构、征信机构等开放共享。指导市场化征信机构运用新技术,完善信用评价模型,创新征信产品和服务,加强征信供给。加快推广应用"长三角征信链""珠三角征信链""京津冀征信链",推动跨领域、跨地域信用信息互联互通。

(十七)丰富特色化金融产品。各金融机构要针对小微企业生命周期、所属行业、交易场景和融资需求等特点,持续推进信贷产品创新,合理设置贷款期限,优化贷款流程,继续推广主动授信、随借随还贷款模式,满足小微企业灵活用款需求。运用续贷、年审制等方式,丰富中长期贷款产品供给。依托核心企业,优化对产业链上下游小微企业的融资、结算等金融服务,积极开展应收账款、预付款、存货、仓单等权利和动产质押融资业务。发挥动产融资统一登记公示系统、供应链票据平台、中征应收账款融资服务平台作用,拓宽抵质押物范围,便利小微企业融资。

(十八)加大对重点领域和困难行业的金融支持力度。各金融机构要持续增加对科技创新、绿色发展、制造业等领域小微企业的信贷投放,支持培育更多"专精特新"企业。深入研究个体工商户经营特点和融资需求,加大创业担保贷款、信用贷款投放力度,为个体工商户发展提供更多金融服务。鼓励为符合授信条件但未办理登记注册的个体经营者提供融资支持,激发创业动能。按照市场化、法治化原则,提高对新市民在创业、就业、教育等领域的金融服务质效。人民银行分支机构、各金融机构要做好新冠疫情防控下的金融服务和困难行业支持工作,加强与商务、文旅、交通等行业主管部门的沟通协作,发挥普惠性支持措施和针对性支持措施合力,帮助企业纾困,避免出现行业性限贷、抽贷、断贷。

六、加强组织实施,推动长效机制建设取得实效

(十九)加强政策宣传解读。人民银行分支机构、各金融机构要积极开展政策宣传解读,丰富宣传形式、提高宣传频率、扩大宣传范围。通过电视、广播、报纸、网络等多种媒体,金融机构营业网点以及线上线下融资服务平台等,主动将金融支持政策、金融产品和服务推送至小微企业等市场主体。

充分利用人民银行官方网站、官方微博、微信公众号、新闻发布会等渠道,开展经验交流,宣传典型事例,营造良好舆论氛围。

　　(二十)强化工作落实。人民银行分支机构要明确分管负责同志、责任部门和责任人,一级抓一级,层层抓落实。要切实发挥牵头作用,加强与发展改革、工业和信息化、财税、交通、商务、文旅、市场监管、银保监等部门协调联动,强化对辖区内金融机构长效机制建设情况的监测督导。各金融机构要履行好主体责任,抓紧制定具体实施细则,认真梳理总结长效机制建设情况、遇到的困难和典型经验,打通长效机制落实落地的"最后一公里"。全国性银行于2022年6月底前将实施细则、牵头部门及其负责人、联系人、联系方式报送人民银行。

中国人民银行办公厅

2022年5月24日

附录二　2022年度浙江省主要经济金融指标

附表1　2022年主要存贷款指标

本外币

指标	1月	2月	3月	4月	5月	6月	7月	8月	9月	10月	11月	12月
金融机构各项存款余额/亿元	174948.4	175614.3	180996.0	181372.3	183606.6	188505.2	188297.9	190224.8	192375.8	191759.2	195083.4	196339.9
其中:住户存款	72228.5	70588.3	72815.9	72579.1	73094.1	75423.4	75073.6	75808.3	78053.7	77490.8	79768.2	82242.0
非金融企业存款	62192.9	62943.8	66218.8	66441.7	67549.1	70483.7	69921.6	70883.2	71698.3	71155.6	72098.7	72326.3
各项存款余额比上月增加/亿元	4132.4	665.9	5381.7	376.3	2234.3	4898.6	-207.3	1927.0	2150.9	-616.6	3324.2	1256.5
金融机构各项存款同比增长/%	10.4	11.3	12.3	12.1	13.4	13.1	14.7	14.8	14.5	14.6	15.4	14.9
金融机构各项贷款余额/亿元	170209.2	172017.6	176220.7	176879.0	179181.1	182399.7	183000.6	184453.6	187184.4	187648.5	188332.0	189808.3
其中:短期	57331.1	57562.6	59170.6	58768.3	59152.7	61030.6	60403.4	60689.9	62057.7	61489.9	61648.7	61627.0
中长期	103783.5	104517.0	106804.2	107192.6	107894.2	109635.6	110197.7	111239.6	112919.2	113770.6	114984.6	116202.5
票据融资	6116.2	6816.9	7089.3	7585.3	8749.2	8506.6	9070.7	9270.5	8944.8	9049.3	8812.7	8582.5
各项贷款余额比上月增加/亿元	4453.5	1808.4	4203.1	658.4	2302.1	3218.6	600.9	1453.0	2730.9	464.0	1183.6	976.3
其中:短期	1248.1	231.5	1608.0	-402.3	384.4	1877.9	-627.2	286.6	1367.8	-567.8	158.7	-21.6
中长期	3377.1	733.4	2287.2	388.4	701.6	1741.5	562.0	1041.9	1679.6	851.4	1214.0	1217.9
票据融资	-126.1	700.7	272.4	495.9	1163.9	-242.5	564.1	199.8	-325.7	104.5	-236.6	-230.2
金融机构各项贷款余额同比增长/%	15.2	15.2	15.8	15.5	15.5	15.7	15.4	15.2	15.3	14.8	14.8	14.5
建筑业贷款余额/亿元	4388.8	4447.4	4591.4	4611.5	4637.5	4727.8	4736.6	4786.9	4863.3	4874.9	4895.2	4888.8
房地产业贷款余额/亿元	8065.1	8169.0	8217.8	8025.7	7974.2	8024.2	7891.2	7942.1	8041.5	8086.9	8071.0	8065.0
建筑业贷款同比增长/%	16.6	15.2	15.4	14.3	14.4	15.5	15.0	15.0	15.9	16.3	17.4	17.7
房地产业贷款同比增长/%	3.1	2.4	2.4	0.3	-0.3	1.0	-0.2	1.2	3.2	3.7	3.3	3.3

续表

指标	1月	2月	3月	4月	5月	6月	7月	8月	9月	10月	11月	12月
金融机构各项存款余额/亿元	169441.0	169784.0	175330.3	175891.5	178073.2	182821.8	182775.9	184770.6	186981.3	186418.4	189673.4	191009.8
其中:住户存款	71625.8	69982.5	72206.7	71951.8	72455.2	74773.6	74422.8	75165.4	77397.7	76842.3	79110.1	81587.2
非金融企业存款	59013.9	59444.1	62803.2	63145.1	64232.3	67064.5	66625.4	67757.1	68642.2	68014.3	68894.5	69110.4
各项存款余额比上月增加/亿元	4068.5	343.0	5546.2	561.3	2181.7	4748.5	-45.9	1994.8	2210.7	-562.9	3255.0	1336.4
其中:住户存款	4748.2	-1643.3	2224.1	-254.8	503.3	2318.4	-350.7	742.6	2232.3	-555.4	2267.7	2477.2
非金融企业存款	-469.4	430.2	3359.1	342.0	1087.2	2832.8	-439.1	1131.7	885.1	-627.9	880.1	216.0
各项存款同比增长/%	10.3	11.1	12.4	12.7	13.8	13.6	15.3	15.4	15.1	15.3	16.0	15.5
其中:住户存款	14.0	8.5	9.9	10.8	12.0	12.9	14.7	15.2	15.7	17.5	20.7	22.0
非金融企业存款	4.8	11.4	13.1	13.7	16.1	16.4	17.7	18.5	19.5	18.1	18.0	16.2
金融机构各项贷款余额/亿元	168373.3	170170.9	174127.5	174733.5	177086.2	180286.2	181014.1	182508.3	185185.5	185712.5	187000.2	188117.1
其中:个人消费贷款	45046.4	44743.5	45010.8	44842.5	44935.4	45159.4	45039.2	45088.8	45170.7	44987.9	44970.0	44870.8
票据融资	6116.2	6816.9	7089.3	7585.3	8749.2	8506.6	9070.7	9270.5	8944.8	9049.3	8812.7	8582.5
各项贷款余额比上月增加/亿元	4330.6	1797.5	3956.6	606.0	2352.7	3200.0	727.9	1494.2	2677.3	527.0	1287.7	1116.9
其中:个人消费贷款	358.1	-303.0	267.3	-168.3	92.9	223.9	-120.2	49.6	81.9	-182.8	-17.9	-99.2
票据融资	-126.1	700.7	272.4	495.9	1163.9	-242.5	564.1	199.8	-325.7	104.5	-236.6	-230.2
金融机构各项贷款同比增长/%	15.2	15.3	15.8	15.3	15.4	15.6	15.4	15.3	15.3	15.0	15.0	14.7
其中:个人消费贷款	8.7	8.7	8.0	7.0	6.5	6.0	5.2	4.5	3.9	2.7	1.2	0.4
票据融资	38.9	53.6	63.7	81.7	84.5	64.9	72.7	67.5	55.3	53.8	47.5	37.5

人民币

续表

	指标	1月	2月	3月	4月	5月	6月	7月	8月	9月	10月	11月	12月
外币	金融机构外币存款余额/亿美元	864.0	922.2	892.5	828.2	830.7	846.8	818.8	791.5	759.8	744.2	753.8	765.3
	金融机构外币存款同比增长/%	16.2	20.2	12.4	−4.9	−3.1	−4.3	−4.7	−7.5	−11.1	−15.5	−14.3	−10.4
	金融机构外币贷款余额/亿美元	288.0	292.1	329.7	324.2	314.5	314.9	294.6	282.3	281.5	269.8	255.2	242.8
	金融机构外币贷款同比增长/%	19.9	10.9	23.9	24.8	24.8	19.8	11.6	5.6	5.9	−15.9	−12.2	−9.6

数据来源：中国人民银行浙江省分行。

附表2　各类价格指数

单位:%

年份	月份	居民消费价格指数		工业生产者购进价格指数		工业生产者出厂价格指数	
		当月同比	累计同比	当月同比	累计同比	当月同比	累计同比
2001		—	−0.2	—	−0.4	—	−1.7
2002		—	−0.9	—	−2.5	—	−3.1
2003		—	1.9	—	5.8	—	0.6
2004		—	3.9	—	13.4	—	5.0
2005		—	1.3	—	5.4	—	2.3
2006		—	1.1	—	5.6	—	3.8
2007		—	4.2	—	5.3	—	2.4
2008		—	5.0	—	10.6	—	4.3
2009		—	−1.5	—	−7.4	—	−5.1
2010		—	3.8	—	12.0	—	6.2
2011		—	5.4	—	8.3	—	5.0
2012		—	2.2	—	−3.3	—	−2.7
2013		—	2.3	—	−2.3	—	−1.8
2014		—	2.1	—	−1.8	—	−1.2
2015		—	1.4	—	−5.5	—	−3.6
2016		—	1.9	—	−2.2	—	−1.7
2017		—	2.1	—	9.6	—	4.8
2018		—	2.3	—	5.1	—	3.4
2019		—	2.9	—	−2.9	—	−1.1
2020		—	2.3	—	−4.1	—	−3.1
2021		—	1.5	—	14.5	—	6.3
2022		—	2.2	—	6.1	—	4.0
2021	1	0.3	0.3	0.5	0.5	−1.1	−1.1
	2	0.7	0.5	2.6	1.5	−0.1	−0.6
	3	1.3	0.8	7.5	3.5	3.3	0.6
	4	1.6	1.0	13.3	5.8	5.6	1.9
	5	1.9	1.2	18.3	8.2	7.2	2.9
	6	1.7	1.3	18.7	9.9	7.2	3.6
	7	1.5	1.3	18.2	11.1	7.5	4.2
	8	1.2	1.3	18.0	11.9	7.7	4.6

续表

年份	月份	居民消费价格指数		工业生产者购进价格指数		工业生产者出厂价格指数	
		当月同比	累计同比	当月同比	累计同比	当月同比	累计同比
	9	1.1	1.3	17.6	12.6	8.2	5.0
	10	2.1	1.3	20.9	13.4	10.2	5.5
	11	2.7	1.5	22.2	14.2	11.0	6.0
	12	1.8	1.5	17.7	14.5	9.2	6.3
2022	1	1.4	1.4	14.4	14.4	8.3	8.3
	2	1.1	1.2	12.4	13.4	8.0	8.1
	3	1.7	1.4	11.4	12.8	6.7	7.6
	4	2.8	1.7	12.2	12.6	6.7	7.4
	5	2.5	1.9	10.2	12.1	5.9	7.1
	6	2.8	2.0	9.1	11.6	5.6	6.8
	7	3.0	2.2	6.4	10.8	4.0	6.4
	8	2.8	2.2	3.4	9.8	2.8	6.0
	9	2.9	2.3	1.9	8.9	2.2	5.5
	10	2.0	2.3	−0.9	7.9	0.3	5.0
	11	1.4	2.2	−2.8	6.8	−0.7	4.4
	12	1.8	2.2	−1.6	6.1	−0.4	4.0

数据来源:浙江省统计局。

附表3　2022年主要经济指标

指标	1月	2月	3月	4月	5月	6月	7月	8月	9月	10月	11月	12月
地区生产总值/亿元	—	—	17886.0	—	—	36222.0	—	—	55750.0	—	—	77715.0
第一产业	—	—	336.0	—	—	955.0	—	—	1463.0	—	—	2325.0
第二产业	—	—	7408.0	—	—	15522.0	—	—	23965.0	—	—	33205.0
第三产业	—	—	10142.0	—	—	19746.0	—	—	30322.0	—	—	42185.0
工业增加值/亿元	—	3222.6	5318.8	7087.4	8934.1	10949.8	12501.2	144316.3	16293.9	18083.0	19996.8	21899.8
固定资产投资	—	—	—	—	—	—	—	—	—	—	—	—
房地产开发投资	—	1526.6	2653.0	3697.4	4850.1	6363.4	7460.3	8610.4	9900.3	11006.2	12118.7	12939.5
社会消费品零售总额/亿元	—	4740.0	7119.0	9029.0	11384.0	14176.0	16655.0	19160.0	21778.0	24742.0	27681.0	30467.0
外贸进出口总额/亿元	—	7220.0	10762.0	14327.0	18263.0	22580.0	27090.0	31250.0	35246.0	38966.0	43120.0	46837.0
进口	—	1850.0	2890.0	3816.0	4817.0	5947.0	7058.0	8157.0	9246.0	10295.0	11467.0	12511.0
出口	—	5370.0	7872.0	10511.0	13446.0	16633.0	20031.0	23093.0	25999.0	28671.0	31652.0	34325.0
进出口差额/出口−进口	—	3520.0	4982.0	6695.0	8629.0	10686.0	12973.0	14936.0	16753.0	18376.0	20185.0	21814.0
实际利用外资/亿美元	—	34.8	59.2	73.8	90.0	120.5	133.1	148.2	169.2	177.1	182.1	193.0
地方财政收支差额/亿元	—	307.0	−222.0	−493.7	−63.0	−490.1	−538.1	−729.9	−1129.6	−1053.2	−1641.1	−3978.3
地方财政收入	—	2196.1	2923.6	3479.0	4755.9	5745.7	6548.6	7140.3	7762.1	8476.9	8845.3	8039.4
地方财政支出	—	1889.1	3145.6	3972.7	4818.9	6235.8	7086.7	7870.2	8891.7	9530.1	10486.4	12017.7
城镇登记失业率(季度)/%	—	—	—	—	—	—	—	—	—	—	—	—

绝对值(自年初累计)

续表

	指标	1月	2月	3月	4月	5月	6月	7月	8月	9月	10月	11月	12月
同比累计增长率/%	地区生产总值	—	—	5.1	—	—	2.5	—	—	3.1	—	—	3.1
	第一产业	—	—	2.4	—	—	3.4	—	—	2.8	—	—	3.2
	第二产业	—	—	7.6	—	—	3.7	—	—	4.0	—	—	3.4
	第三产业	—	—	3.5	—	—	1.5	—	—	2.3	—	—	2.8
	工业增加值	—	10.7	9.9	6.6	5.5	5.5	5.2	5.1	5.4	5.4	5.0	4.2
	固定资产投资	—	15.9	14.4	12.0	10.9	10.3	10.1	10.0	10.0	10.1	9.5	9.1
	房地产开发投资	—	9.4	8.6	6.6	5.6	5.4	5.3	5.3	5.1	4.6	4.4	4.4
	社会消费品零售总额	—	7.5	5.5	1.3	0.3	2.0	3.0	3.7	4.2	4.5	4.2	4.3
	外贸进出口总额	—	25.8	24.4	19.3	17.6	17.3	19.5	18.8	17.6	16.0	14.7	13.1
	进口	—	22.6	14.9	10.0	8.0	9.8	11.4	11.7	11.2	11.7	11.1	10.7
	出口	—	26.9	28.3	23.0	21.4	20.3	22.6	21.6	20.1	17.7	16.1	14.0
	实际利用外资	—	0.2	0.8	−1.1	5.2	13.4	14.1	14.2	16.9	15.5	11.4	5.2
	地方财政收入	—	7.5	6.0	3.0	3.6	4.2	3.0	3.1	3.6	6.5	6.8	−2.7
	地方财政支出	—	3.8	11.9	8.7	8.6	13.0	15.1	13.5	12.1	12.6	11.6	9.1

数据来源：浙江省统计局。